基于核心素养的学习能力培养

KE LI YAN JIU

# 课例研究

## 从规范走向常态

李笑非 主编

华东师范大学出版社

**图书在版编目(CIP)数据**

课例研究:从规范走向常态/李笑非主编. —上海:
华东师范大学出版社,2018
ISBN 978-7-5675-8487-7

Ⅰ.①课… Ⅱ.①李… Ⅲ.①课程-教学研究
Ⅳ.①G423.04

中国版本图书馆 CIP 数据核字(2018)第 244965 号

**课例研究:从规范走向常态**

主　　编　李笑非
策划编辑　彭呈军
审读编辑　张艺捷
装帧设计　孙　震　孙小晶

出版发行　华东师范大学出版社
社　　址　上海市中山北路 3663 号　邮编 200062
网　　址　www.ecnupress.com.cn
电　　话　021-60821666　行政传真 021-62572105
客服电话　021-62865537　门市(邮购)电话 021-62869887
地　　址　上海市中山北路 3663 号华东师范大学校内先锋路口
网　　店　http://hdsdcbs.tmall.com

印 刷 者　杭州日报报业集团盛元印务有限公司
开　　本　787×1092　16 开
印　　张　12.5
字　　数　194 千字
版　　次　2018 年 11 月第 1 版
印　　次　2020 年 6 月第 4 次
书　　号　ISBN 978-7-5675-8487-7/G·11603
定　　价　38.00 元

出 版 人　王　焰

(如发现本版图书有印订质量问题,请寄回本社客服中心调换或电话 021-62865537 联系)

# 编 委 会

主编　李笑非

编委　邱兴华　李　娟　王　岚　石　敏　欧阳唯能

　　　杜明元　曾畅畅　孙　余　郑　刚　王翔宇

　　　吴旭光　郑长宏　张力生　何　鑫　何　玲

　　　唐霖勇　赖建勇　吴晓霞　王利华　周厚文

　　　高　山　肖丽萍　蒋　珂　李中萍

本书系全国教育科学"十二五"教育部规划课题"基于核心素养的学生学习能力培养研究"(课题批准号：FHB150537)的研究成果之一。

# 序

　　这篇序从首次撰写到最后改定，细细推算下来居然过去了近五年时间。在这五年时间里，成都七中初中学校的课例研究已经从模仿一种范式发展到满足实践需求的常态阶段，这背后折射的是学校的百折不挠的精神和坚韧的品格。

　　与五年前的书稿相比，这本书稿对课例研究本身有了更加深入的思考，即规范的课例研究更像教师专业活动的"大餐"、而常态的课例研究才是贴近教师专业工作的"家常菜"。在教师的专业生活中，无论是偶尔享受的"大餐"还是日常进食的"家常菜"，课例研究的初心不变，那就是聚焦课堂中教与学的问题，让教师在自己的课堂中汲取专业发展的养分。这里折射出的是对"教师学习"的深刻理解：教师学习不仅仅意味着朝向专业理论的自上而下、由外到内地学，更加意味着朝向专业实践地从课堂里学、向身边同事和学生学。同时，教师的"学习"也不仅仅意味着教师在他人帮助和指导下的"学"，更要有教师个人亲自尝试、行动中体验的"习"。

　　与五年前的书稿相比，这本书稿对课例研究的指向有了更加明确的定位，即关注学生的"核心素养培育"，并把这个方向作为学校课例研究的新视角。在考虑核心素养如何"落地"的过程中，学校深刻意识到常态课堂中必须指向"人"，于是课例研究更加具体到"学习素养"、"知识素养"、"问题素养"、"创新素养"，并由此架构了中国学生发展核心素养中的"学会学习"与上述四种素养的关系，这是由理论到实践的务实性思考。这样,学校的常态的课例研究就有了一个主线,把看似散落的一个个珍珠串联起来。

课例研究可能是迄今最受一线老师青睐的一种教育科研形式,它的方法论基础是行动研究,架设起了理论与实践间的桥梁。简单地说,课例无非就是"以课为例讲道理"。以课为例——选择一节教学内容作为载体,讲道理——围绕一个研究问题开展教学改进活动并获得理性认识。它以具体鲜活的课堂教学为载体,在研究教学改进的过程中收获理性体验和教育观念。它听上去比较简单,和传统的磨课活动似乎很相像;它操作起来也容易,和平常的教研活动似乎差不多。但课例研究,实际上是我们熟悉的陌生人,作为一种研究教学的方式,它也有一些操作要点和方法技术的关切。

如果你仔细地阅读书稿中关于指向学习素养的每个课例,就会发现课例研究在操作过程中的确有一些要点。首先,课例研究是围绕一个明确的研究主题开展的。与一般的教研活动不同的是,每一次的课例研究并不面面俱到地涉及教育教学中的方方面面,教学改进始终朝向一个明确的研究问题,这点只要看看八个课例的标题就可略知一二。其次,课例研究是通过有目标地分工合作开展的。即每位观课老师都带着不同的任务或目的而深度卷入,这种协作与分工的目标以及合理性,都在考验着课例研究的主持者。第三,课例研究是讲究使用方法和技术支撑教学改进的。与以往那种仅仅凭借经验开展研讨活动的教研不同,课例研究中的课堂观察更具目的性,围绕目的甚至需要一些技术手段作支撑,它们都要服务于教学改进和课例研究的主题。第四,课例研究是注重理性提炼和实践积淀的。大多数的教研活动,动口比动手的成分要多得多,课例研究却追求每一次授课后问题和观点的梳理,甚至需要把行动过程以及针对主题的实践体验概括和提炼出来,形成一些文字,这样那些优秀的教学实践以及背后的改进过程连同思想才有可能在学校里不依存教师而得到传承。

有时我常在想,课例研究真的有那么大的吸引力吗,一线教师有必要这样以研究的方式来认识自己的教学工作吗?我听到过不少颇有微词的说法:教师的主要工作是教学,书教好了、成绩上去了,就是硬道理;做课例研究,那不过是应付要求、装点门面的绣花活而已。不过我想,硬道理也要讲道理,即便是绣花活也能见真功夫。

以课例研究的方式,落实学生核心素养的培育,至少可以避免这样一些问题。第一,避免了把教师的研究等同于象牙塔里动辄以发现有普遍适用性的教育规律作为目标的研究,以至于充斥着空泛的诸多"某某原则"和若干"某某性"。第二,避免了研究的过程中罔顾教育实践的复杂性,机械地套用和罗列什么文献法、调查法、实验法,导致套路模仿得多、实践效果差强人意。第三,避免了研究成果的表达移用大量术语,语言表述充满了艰深、抽象、晦涩的专业词汇,而掩盖了实践本该具有的鲜活色彩。因为教师的工作内容涉及学生的人格、思维、情感、知识、技能等方面,它们潜于学生头脑之中、随时随地发生着变化;教师的工作过程的不确定因素在不断衍生,在这个过程中,教师会大量运用直觉、表情、即兴活动等教学智慧,讲究艺术性;教师工作倚赖的除了明确的文本知识之外,还有那些镶嵌于情境之中的实践智慧,绝大多数情况下,教师的工作结果具有迟效性,这使其难以得到衡量。从上述角度来看,课例研究的方式回归到了教学研究原本应当扎根的地方,它在"行"中"知","行"和"知"齐头并进,注重主体悟性的发挥和行为的同步跟进,正是优秀教师"在课堂拼搏中学会教学"的研究方式。

这是一个并不缺乏教育观念、理念,甚至有点信息泛滥的时代,反倒是缺乏一些沉着、行动,甚至坚持到底的精神。面对实践问题的教育者,如果想要做点什么来改善学校的教育教学,这本书里的课例研究方式以及落实学生核心素养的理性架构,值得慢慢地体味。这本书可以说为许多学校的课题研究,提供了一种如何在教研组、教师层面推进的样例。这种开展课题的研究方式,实际上走了一种自下而上的归纳式研究路线,即从实践中的具体问题出发,在教学改进中不断归纳对问题的认识和体验,追求的是"小而深"的具体的认识结论、而非"大而全"的抽象概括。

教育名家有先言,想要让一个教师感到幸福,就让他/她走上研究这条道路吧。让我们的教师以研究的姿态面对教学问题,并付诸改进的行动;让我们的教师在特定的时间段内聚焦一个可以研究的小问题,因为切入口小,才有可能深入;让我们的教师在协作中一起分析学科教学内容,分享和明晰化那些难以表达的实践智慧;让我们的教师围绕研究主题有目的地收集课堂信息,有方法地改进教学;让我们的教师自己动手撰写课例吧,在定主题、裁情节、描关键、寻证据、下结论、做提炼的过程中,他们一定会获得书本上和讲座中所没有的理性提升!

就在写下上述文字时,我看到一段解读"道理"的文字:道在脚下,不在嘴上,其贵在实行与精进;理在内心,不在外在,其贵在明心与觉悟。在这个信息快速激荡的时代,获取信息早已变得便捷轻松,知识储备已经不是成为"专家"或"权威"的必要条件。但为什么学校和学校、教师和教师的差距仍然客观存在?我想,行动本身更加弥足珍贵,因为正是行动,造成了人和人、校和校之间的差别。

杨玉东

于上海市教育科学研究院

2018 年 9 月

# 目　录

# 前　言

课例研究，是一个常谈常新的话题。

为了加大课堂创新力度，我们以"课堂创生"为关键词，开展了为期四年的规范性课例研究，对在课堂上特别是在常规课堂上如何引导学生创生的关键问题进行了系统研究，如在什么时候创生？选择哪些关键点引导学生创生？运用哪些巧妙的方法帮助学生有效创生？如何引导学生评价和反思自己的创生？我们对这些问题展开了研究，这些课例研究成果形成了《课堂创生的智慧》一书的主体内容。

在上述课例研究的基础上，我们又开展了新一轮课例研究。这一轮课例研究在两个方面进行了探索：一是以学习素养的提升为总纲，在日常课堂上探索核心素养的有效发展思路与策略，实现课堂育人内容的超越和课堂的进一步转型；二是课例研究的方式由规范走向常态，从严谨的学术性规范研究走向常态化的实践性改革研究，让具有不同研究基础的人都能够随时随地进行课例研究，以促进课例研究形式的新发展。课例研究内容与形式的整合性发展，既让课例研究的内容延伸到了教育改革的最前沿，也让课例研究从学者视域走进了"寻常教师家"，为课例研究的普及和建构课例研究新常态奠定了基础。

这一轮课例研究的探索已经进行了三年多。基于核心素养的学习能力培养，是我们这一轮课例研究内容选择的着力点。随着核心素养这一概念的提出及其内涵的不断丰富与具化,培育学生的核心素养成了广大中小学教师的重要任务。但是,核心素养的主体性、综合性、整体性、现实性与前瞻性等发展特征,赋予了课堂新的内涵,对课例研究提出了新的要求。核心素养发展的主体性,是指核心素养必须依靠学生自身的力量,是在学生的主动积极体验中不断建构、生成与强化的,离开了学生的主动体验,缺失了学习过程中学生主体的鲜活生长,淹没了学生这一学习主体,学生核心素养的发展就无从谈起。核心素养发展的综合性,是指学生的核心素养是在综合运用知识解决问题的过程中不断发展起来的,没有综合解决问题的过程,不能利用综合性思维分析出问题的复杂性,并以此解决具有复杂性的问题,核心素养就缺乏真实发展的土壤。核心素养发展的整体性,是指在核心素养的培育过程中,要从整体上进行考虑,不能孤立封闭地看待某一素养,更不能选其一点不及其余。这与核心素养发展的综合性密切相关,综合性重在整合不同知识与能力以解决问题,从而促进学生核心素养的整体发展,整体性则是从全面入手,思考不同素养间的关系,不厚此薄彼,不碎片化推进学生核心素养的发展。核心素养发展的现实性,是指核心素养的发展需要立足学生的现实水平和社会生活实际,即以学生目前的核心素养发展水平为起点,引导学生链接书本知识与生活世界,在融通生活与知识的过程中提高核心素养。核心素养发展的前瞻性,是指根据未来需要和学生的发展潜能定位"今天"的核心素养发展目标,既要引导学生在解决现实问题的过程中发展核心素养,又要引导学生为未来的进一步发展做准备,提升可持续发展的核心素养。

要在学校教育中体现核心素养发展的这些特征,必须在课堂这一主阵地上重新谋划核心素养的培育思路与策略。谋划这一思路与策略的首要任务是转换课例研究的视角,从核心素养的有效培育这一视角出发,重新审视课堂,从核心素养的培育形式走向核心素养的培育实质,从学会学习到核心素养的整体提升等,以此反观现有的课堂行为,明确课堂上的改革点和超越点,才能建构出适应核心素养发展的课堂,促进课堂教学的进一步转型,这就构成了本书的第一章和第二章。

要促进课堂教学的这一转型,需要以学习素养的提升为主线和总纲。因为学习素养是学生主体综合发展的结果,具有整体性、现实性和前瞻性,体现了核心素养的发展特征。同时,提升学习素养还是学生发展核心素养的前提条件,因为没有必备的学习素养,学生的文化基础、自主发展和社会参与等能力的提升就会缺乏可靠的凭借。要以学习素养的提升为总纲,需要在课例研究中,从素养发展视域看待学生的学习过程与结果,着力提高学生学会学习所需要的素养,处理好学习素养与核心素养的关系,在文化基础、自主发展和社会参与的不同领域内细化学习素养的构成要素与培育路径,才能使课堂观察从"教师中心"转向"学生中心",在学习素养的课堂表现上确立课例研究的关键性内容,也才能在点点滴滴的进步中发展出具有终身支撑作用的学习素养与核心素养。

在我们看来,具有终身支撑作用的学习素养,在课堂上主要表现为"活化知识"、"解决问题"、"促进创新"三个方面。"活化知识"的学习素养,是为终身发展打下智慧基础的素养,也是文化基础能够活化为素养的关键;"解决问题"的学习素养,是把活化了的知识用于解决情境性问题的多种能力,是知识的运用价值与再生产能力,是自主发展和社会参与的关键,比"活化知识"的学习素养更进了一步;"促进创新"是学习素养的高级表现,是对"活化知识"与"解决问题"两种素养的进一步综合与发展,也是学生核心素养发展的最高体现。三种学习素养,是学生核心素养发展的三个阶梯,只有一步一步地向前迈进,才能引领学生在核心素养发展的道路上不断登堂入室。正是基于这样的思考,我们在新一轮的课例研究中,确定了"活化知识"、"解决问题"、"促进创新"三个课例研究专题,分别构成了本书第三章、第四章、第五章的内容。

基于核心素养与学习能力发展的课例研究,需要实现从"规范"走向"常态"的转型。规范性的课例研究,一般指"1361"的课例研究模式,这一模式中的第一个"1",是指一个课例研究主题;"3"是指三次试教;"6"是指六次会议,即每次试教都要召开课前课后会议,要么统一研究点或观课议课点,要么进行反思和总结;最后一个"1",是指一份课例研究报告。规范性课例研究的每一个环节都有相应的要求和规定,以确保课例研究过程的科学性与研究结论的可信度。但是,规范性课例研究存在着环节多、要求高、过程琐碎等问题,多数老师在常态教学中难以参与,这就导致课例研究成了少数研究者热衷的"阳春白雪"。为了改变这一局面,我们在这一轮课例研究中,以规范性课例研究为引子,将规范性课例研究中获得的经验在常态课堂中加以运用,并引导所有老师以课例研究的思维方式与方法观察和反思自己的常态课堂,在常态课堂中不断丰富和提升促进学生学习素养发展的有效教学策略,以此培育学生的核心素养,提高学生的学习能力。因此,我们在第三章、第四章、第五章中,从规范性课例研究开始,一直到常态课的运用与发展,都进行了详细介绍,既有怎样在具体教学中提高学生学习素养的课例与方法,也有如何从"规范"走向"常态"的课例研究策略。我们力求以鲜活的课例和较为直白的语言,展示我们这一轮课例研究的收获,并与同行共享。

我们一直品尝着课例研究的甜头,也想和同行们一道,在基于核心素养的学习能力培养研究中,欣赏从规范走向常态的课例研究的绚丽风景。

# 第一章

## 课例研究的新视角与新走向

　　课例研究自 20 世纪 60 年代兴起以来,引起了不少国家的高度关注,成为了众多国家的教师研修方式。在我国推进第八轮课程改革的过程中,课例研究发挥了重要作用,在中国学生发展核心素养和学科素养相关政策颁布以来,课例研究的发展进入了新的阶段,如何通过课例研究落实核心素养的培养目标,如何让课例研究进一步飞入"寻常百姓家",让课例研究成为教师的"职业状态",这就需要在核心素养的引领下,从规范性课例研究走向常态课例研究,在课例研究的新视角与新走向中,提高课例研究的效益。

　　但是,学生发展的核心素养和学科素养的内容都非常丰富,如何才能牵住核心素养发展的"牛鼻子",如何才能在常态课例研究中解决"牛鼻子"问题,还是一个亟待探讨的问题。成都七中初中学校在研究全国教育科学规划课题《基于核心素养的学生学习能力培养研究》的过程中,全体教师逐步认识到,无论是学生发展的核心素养,还是学科核心素养的发展,都离不开"学习能力"的培养,没有良好的学习能力,核心素养的发展只能成为一句空话。然而,学习能力也是一个宏大的概念,其包罗万象的内容与不断发展的学习理论,为学习能力的培养带来了挑战,基于核心素养的关键学习能力是什么? 如何通过课例研究积累培养的学习能力的经验等,成了成都七中初中学校教师们研究的焦点。在不间断的常态课例研究中,老师们把核心素养作为常态课例研究的新视角,并逐步实现了从规范性课例研究走向常态性课例研究的转型。

## 一、核心素养培育:课例研究的新视角

核心素养是近年来教育改革的"热词",得到了多方面的关注。2016年3月,有关部门公布了普通高中15门学科的63条学科核心素养,作为高中课程标准修订的依据;2016年9月,教育部基础教育二司、北京师范大学联合发布《中国学生发展核心素养》,在学科核心素养的基础上,形成了"一个核心、三大支柱、六个维度、十八条指标"的中国学生发展核心素养体系,其中,"一个核心"是指"全面发展的人","三大支柱"是指"文化基础"、"自主发展"和"社会参与","六个维度"是指"人文底蕴"、"科学精神"、"学会学习"、"健康生活"、"责任担当"、"实践创新",并据此形成了18条指标。学科核心素养体系和中国学生发展的核心素养体系,相互补充,构成了中国学生的培养目标框架。但是,要把这些培养目标落到实处,还存在诸多操作上的实践难题,这些难题为常态课例研究提供了新的视角。

### (一) 从"形式"走向"实质"——核心素养培育在课例研究中的"落地"趋势

中国学生发展核心素养体系发布后,中小学教师普遍面临的困惑主要有四:一是核心素养太过笼统、虚化,"看不见摸不着",无法测试和评价,如果不能解决"怎么考怎么评"的问题,老师们还敢相信和落实核心素养的有关教育改革主张吗?二是由于核心素养是一种目标和理念,缺乏操作措施,如何把"核心素养"的培育主张变为课堂行为,不少老师感到"无从下手";三是中国学生发展的核心素养与学科要求的核心素养怎样整合与关联,两个层面的核心素养似乎难两全,照顾了学科核心素养则难以落实学生发展的核心素养,关注了学生核心素养的发展,学科核心素养似乎又难以落实;四是核心素养的培育如何进入常态课例研究,如何在常态课例研究中一点一滴地落实核心素养的培育目标和理念? 于生丹老师为此提出了如下思考:

首先,核心素养如何对应和关联学科课程? 不同国家和地区将核心素养融入学校课程体系的形式主要有两种:一种是将核心素养融入学校各学段的学科课程中;另一种是基于真实生活情境中的跨学科主题,与学科课程内容一起共同支撑核心素养的形成。根据我国学校教育的课程实际,我国应该属于第一种类型,即学科课程与教学是落实教育目标的主要载体,核心素养需要融入学校各学段的学科课程中。 那么,核心素养体系与学科课程是怎样一种对应关系? 学科课程是对应核心素养,还是对应学科核心素养?……

　　"核心素养"是我国此次深化课程改革的关键词。学生核心素养的培养符合全球教育发展趋势,经过素质教育,特别是十五年"新课改"的洗礼,"核心素养"理念的接受并不是深化课程改革的重点和难点,如何落实在课程与教学层面才是改革的关键,也就是说,核心素养的实施路径是否科学,才是问题的关键。可现实中的两套核心素养体系,及二者之间含糊不清的关系,暗藏着课程改革预期目标偏离的风险。……

　　如果核心素养体系没有能力发挥统领功能,那又怎么打破学科课程之间的壁垒? 学科教师们面对学科课程标准中的学科核心素养所讲的"关键品质和必备能力",还会去关注学生发展核心素养体系吗? 如果每门课程的老师根据本学科的课程标准,致力于自己学科的教学研究与改革,是不是依然没有消除"分科主义"的潜在风险?……

　　一项成功的课程改革,必然充分考虑到教师在改革中的主观能动作用。改革对教师提出的要求应该是教师能够做且愿意去做的。可是,当老师面对两套关系模糊的核心素养体系时,他们改革的意愿与信心由何而来?[①]

　　和于生丹老师不一样的是,不少一线老师的"核心素养"之困,没有那样的高位思考与质疑,而是集中在日常课堂上,他们要么对铺天盖地的"核心素养"置之不理,依然和原来一样"岿然不动";要么让课堂变得更热闹,在热闹的课堂活动中贴上核心素养的标签,愈热闹却愈"空虚",课堂的"获得感"变得更弱,出现了高举"核

---

① 于生丹.核心素养与学科课程的对应与关联[J].当代教育科学,2016(22).

心素养"旗帜却降低了课堂教学效益的现象,这种形式化的基于核心素养的课堂改革潜藏着诸多危险,这种"危险"主要体现在以下三个方面:

第一,教师自我效能感降低。基于素养的教学是一种开放式的教学,课堂中也常会出现很多没有预设的不可控事件,这给教师的传统角色带来了挑战,要求教师扭转"知识代理人"的"专家"身份,成为学生学习的合作者,还学生学习选择权与自主权。同时,跨学科主题教学也给教师带来更多时间与信息方面的挑战,他们需要花更多的时间和精力去搜集相关信息,否则他们无法顺利与学生进行合作,无法对学生的学习进行判断与评价,这会让他们产生更多的焦虑,消减他们的自信心,进而影响教学效果。……

第二,课堂控制倾向未得到根本扭转。即便是基于核心素养发展的教学,教师依然不会放弃对课堂的控制。……

第三,学生的自主探究式学习有限。……教师在课堂中既担任着促进者的角色,又担任着传统指导者与演示者的角色,教师更多的时间还是在班级教学,并主导教学过程,即便是在问答环节,教师依然还是指导者、信息提供者与提问者。学生处于比较消极的被动位置……①

要在常态课例研究中解决上述问题,突破上述难题,需要从"形式"走向"实质",把握核心素养的"育人"指向,将学生发展的核心素养与学科核心素养整合到具体的育人活动中,才能在点点滴滴的课堂反思与改进中,让核心素养在常态课堂中"落地"。

中小学培育学生核心素养的实质,是为学生的终身发展打好必备的"核心基础",它的外延包括了知识体系中的"核心知识"、能力体系中的"核心能力"和素养体系中的"核心素养"。必须说明的是,这三个核心基础要素彼此之间不是并列的关系,而是相互交融、相互促进、相互影响的关系。我们倡导的核心知识是指陈述性知识中最有迁移性的概念性知识、程序性知识以及元认知知识中有助于指导学习者进行自我程序与策略建构的基础性知识。核心能力主要指的是可迁移能力,且指在解决各种问题的过程中最能起决定作用的能力,它不仅是直接影响活动能

---

① 张紫屏.基于核心素养的教学变革[J]全球教育展望.2016(7).

否完成的基本条件,而且对于解决问题的效率和品质具有高解释力。"核心基础"的核心能力有两个:思维能力与问题解决能力。其中,思维能力是核心能力的核心,而思维能力的核心包括了创造力和想象力。基础教育阶段,学生的问题解决能力包括两个方面,一是运用所学知识解决实践问题的能力,二是运用知识创造性地解决问题的能力。[①] 可迁移的知识与能力,富有创造力和想象力的思维,是"核心基础"中的"核心";可迁移的能解决实际问题的"基础",才能成为"核心基础",要夯实这样的"核心基础",需要与之匹配的课堂教学来保证。

钟启泉先生认为,基于核心素养的课堂教学,要落实三种教学战略。一是重视知识内容的教学战略,即重视知识技能的习得与概念、法则的理解,或是特定的技术熟练。其最大目的是确凿地习得知识、技能,但不应局限于单纯的文化传承与传递,还必须面向学习者的主体性活动与科学探究精神的培育。二是重视方法论知识的教学战略,即重视探究方法与探究精神,发现法则的方法,或者问题解决方法等"方法论知识"的战略。这种战略在于如何以"反省性思维"为基础,让学习者直面现实的活生生的问题,以及组织怎样的活动(经验)。三是重视"体验学习"的教学战略,这种战略重视儿童的生活与经验,或者跨越若干学科、超越学科的框架,整合广域的内容,设定主体性的课题展开探究,体现了两大特色:"生活化、综合化"与"体验化、活动化"等。[②] 因此,核心素养的培育关键,是提高学生的自主学习、知识迁移、问题解决和创新体验的能力,其要素和关系如图1示。

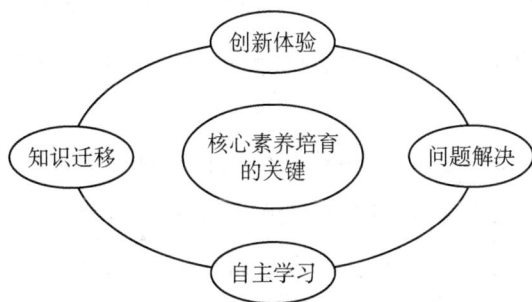

**图1 "核心素养培育"与"四大关键能力"**

---

① 王红.放慢知识的脚步,回到核心基础[J].人民教育:2015(7).
② 钟启泉.基于核心素养的课程发展:挑战与课题[J].全球教育展望:2016.

常态课例研究的新视角,就是始终关注和致力于解决在三种教学战略中如何让"核心基础"落地的问题,即始终围绕自主学习、知识迁移、问题解决和创新体验四种能力展开研究,才能夯实"核心基础",用"核心基础"整合学生发展核心素养和学科核心素养,才能在核心素养的常态课例研究中从"形式"走向"实质"。

## (二) 从"学会学习"到核心素养的整体提升——核心素养在课例研究中"落地"的突破口

要发展学生的"核心基础",提高学生的自主学习、知识迁移、问题解决和创新体验四种能力,需要以中国学生发展核心素养的重要维度"学会学习"为突破口,只有在"乐学善学"、"勤于反思"和"信息意识"三个方面促进了学生发展,才能提高学生主动理解知识、把握学习和学科方法的能力,才能提高学生运用知识解决实践问题特别是创造性问题的能力。核心素养指向人本身,唯有人,才可以用素质与涵养——素养——及其程度或水平来衡量。核心素养不能衡量或修饰学科。学科可以达成某些核心素养,但它不等于核心素养。① 因此,要让核心素养在常态课堂中"落地",必须指向"人"本身,而这种"人"是能够通过自身学习提高自我核心素养的人,要通过自身学习提高核心素养,其前提是"会学习",只有学会了学习,才能在教师的引领下,围绕着具有挑战性的学习主题,全身心积极参与、体验成功、获得发展,才能在有意义的学习过程中,掌握学科的核心知识,理解学习的过程,把握学科的本质及思想方法,形成积极的内在学习动机、高级的社会性情感、积极的态度、正确的价值观,成为既具独立性、批判性、创造性又有合作精神、基础扎实的优秀的学习者,成为未来社会实践的主人②。

要在常态课堂中提高"核心素养"的发展能力,帮助学生学会学习,课堂学习过程就不能仅仅是获得知识、技能和理解,更重要的还包括行动,也就是发展学生"做事情"的综合能力;学习并不是知识或技能的层级化积累,而是意义化的连接建立和网络的形成过程,新的节点不断出现、编码并且与网络中的其他节点发

---

① 石鸥. 核心素养的课程与教学价值[J]. 华东师范大学学报(教育科学版):2016(1).
② 郭华. 深度学习及其意义[J]. 课程·教材·教法:2016(11).

生联系,促成学习的实现。从这个意义上而言,不仅学习具有网络的特性,核心素养也具有鲜明的网络特征[①]。要在具有网络特征的常态课堂上帮助学生学会学习,就应重点提高学生学习素养、知识素养、问题素养和创新素养,在这四大素养中,学习素养是学会学习的重要表现,知识素养是学习素养的基础,问题素养是学习素养的关键,创新素养是学习素养的高级发展阶段,是一种高阶素养。这四大素养相互交融,共同促进,既有利于学生学会学习,也有利于学生提高学习能力。"四大素养"与"学会学习"的关系如图2示。

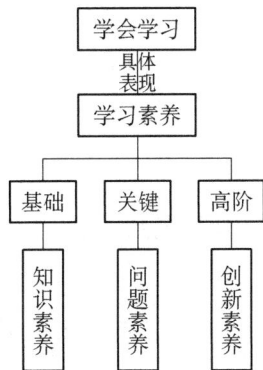

图2 "四大素养"与"学会学习"的关系

从图2可知,学生要提高核心素养,必须在"学习"、"知识"、"问题"、"创新"四个方面提高自己的学习能力,即自主学习的能力、学习提高知识素养的能力、学习提高解决问题的能力、学会创新的能力等,只有提高了这四种能力,学生才可能筑牢文化基础,提高自主发展与社会参与能力。因此,基于核心素养或有利于核心素养发展的学习能力,也主要体现为这四种能力,其关系如图3示。

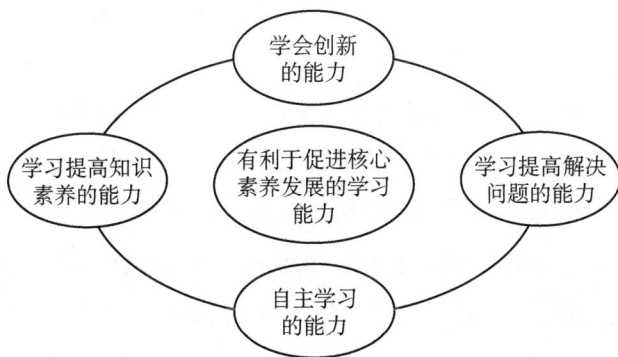

图3 "关键学习能力"与"核心素养的整体提升"

---

① 屠莉娅.基于变革社会的视角:核心素养阐发与建构的再思考[J].全球教育展望:2016(6).

根据上述思路,七中初中学校为了在常态课例研究中体现核心素养培育的这一新视角,以四种关键学习能力为重点,研究如何通过关键学习能力的培养,提高学生核心素养的发展能力,从规范走向常态,开拓了常态课例研究的新路径。

## 二、从规范到常态:课例研究的新走向

　　从规范走向常态,是从规范性课例研究走向常态性课例研究的过程。常态课例研究,是立足课堂常态,对日常课堂行为进行观察、描述、反思、改进,以解决日常课堂存在的典型问题为主要目的的一种课堂研究方式。这种研究方式主要有四个特征:一是研究对象以常态课堂为主体,在常态课堂上展开研究;二是研究内容多以"小问题"入手,一次课例研究集中解决一个"小问题",获得一次"小突破";三是研究方法多以随堂听课、现场交流、集体商讨、共同改进为主要形式,不追求教育研究过程的"规范",重在解决实际问题;四是研究成果具有迁移性,能迁移至类似的相近的日常课堂,在日常课堂上产生持久的效益。

　　常态课例研究是相对规范性课例研究而言的。规范性课例研究,是基于日常教育教学中需要解决的问题,在教育教学的过程中持续地进行实践改进,直至问题解决的一种研究活动[①],"教学问题"、"持续改进"和"解决问题"是规范性课例研究的基本要求,它具有以下四个方面的突出特征:第一,基于专题,课例研究立足于确定的专题统领研究活动,专题性十分突出;第二,持续研究,课例研究要紧扣出现的问题进行跟踪研究,持续性明显,并且始终处于未完成状态,后续的研究还可以不断丰富和发展已有的结论与观点;第三,见证效果,课例研究要围绕问题的解决达到改进的效果,实效性是实践研究本身的要求;第四,形成成果,课例研究要梳理研究的过程,提炼结论与观点,最后形成研究的报告,推广性是其实效性前提下扩大成果影响和应用价值的后续要求。[②] 规范性课例研究的这四大特征,要求课例研究必须选择有价值的专题,必须符合一定的"程式",必须积累解决问题的经验,

---

① 胡庆芳等.课例研究,我们一起来:中小学教师指南[M].北京:教育科学出版社.2011;31.
② 胡庆芳等.课例研究,我们一起来:中小学教师指南[M].北京:教育科学出版社.2011;31.

必须解决现实问题，"规范性"、"任务性"、"实效性"，是衡量规范性课例研究的重要指标，为了提高规范性课例研究的效益，不少学校或教师采用了"1361"的课例研究模式，第一个"1"是指一个课例研究主题；"3"是指三次课堂改进现场；"6"是指在三次课堂教学活动前后展开的六次研讨，即每一次上课之前有"课前会议"，课后有及时商讨性会议；最后一个"1"，是一套可用于推广的成果或课例研究报告。

和规范性课例研究相比，常态课例研究没有如此"正式"、"规范"等严格的要求，它以"非规范性"的方式，要求教师始终处于研究的状态，以研究的思维和方式审视自己或他人的教学，随时随地关注"小问题"，研究和改进"小问题"，在持续不断的改进中保持自我超越的教学活力。这种研究方式有利于克服一线教师对"正规研究"的"畏惧感"，提高日常课堂改进的可能性。

因此，从规范性的课例研究走向常态化的课例研究，是课例研究的发展趋势。课例研究从规范走向常态，既需要教师个体将研究成果内化，转化为教学行为，践行到自己的课堂中，并不断完善、创新；也需要教研组集全组之力，在日常课堂中丰富和发展规范性课例研究成果，引领师生在已有模式中不断创生新模式，活化新知识，形成日常课堂中的新的操作要领。下面以生物组的研究为例，探讨从规范性课例研究转向常态课例研究的基本策略。

### （一）聚焦关键学习能力，开展规范性课例研究

教学具有针对性、连续性，选择、聚焦学科的关键学习能力，以此为主题开展规范性课例研究，可以形成具有持续推广价值的课例研究成果。如生物学科要求强调重要概念的学习，注重概念的形成过程与迁移运用能力，这就需要在规范性课例研究中探索有效培养学生提高知识素养的学习指导策略。生物组聚焦这一关键学习能力，以"概念学习"为突破口，开展了持续四年的课例研究：第一学年的研究主题为"如何通过学习活动促进学生重要概念的形成"；第二学年的研究主题为"如何通过实验帮助学生形成重要概念"；随着学校云技术试点班的成立，生物组开始尝试将云技术运用于教学中，第三学年的研究主题确定为"云技术、实验与概念教学如何有机结合"；到了第四学年，随着"翻转课堂"这种教学形式的引入，研究主题又调整为"翻转课堂教学形式下的概念教学策略"。虽然每个阶段的研究主题有一

定侧重,但都围绕"在概念教学中如何培养学生学会提高知识素养"这一关键能力展开,并开展了规范性的"绿叶在光下合成淀粉"等课例研究,对如何在初中生物学科中开展规范的、行之有效的课例研究活动达成了共识,也形成了在概念教学中"如何培养学生提高知识素养的能力"等策略,为推广课例研究成果创造了条件。

### （二）细化关键学习能力,开展常态课例研究

生物组在持续研究中发现,规范性课例研究是一个大工程,往往要涉及很多教师、很多班级,研究安排和课程调整都比较复杂。如果几个学科同一时段展开研究,对学校整个教学秩序会有一定影响;老师们观课、议课、整理观察记录、写实录等等,也会花费大量时间,像生物组各位老师在课例研究期间,就不得不工作到深夜甚至是通宵达旦。因此,这种大规模、规范性的课例研究,只能是"大餐",一段时间开展一次,起到引领示范的作用。它不能成为"家常菜",作为一种常态化的研究手段经常性地进行。所以,生物组以关键学习能力的培养为突破口,以训练学生提高知识素养的能力为方向,努力探索"如何让课例研究从规范走向常态"的方法,形成了如下策略。

### 1. 运用拓展,让规范性课例研究成果焕发生命力

首先是在其他"通过实验帮助学生形成和创生重要概念"的教学中应用规范性课例研究的成果。在"绿叶在光下合成淀粉"的规范性课例研究中,生物组提炼出了"通过实验帮助学生形成重要概念"的基本教学模式,即"通过实验感知事实→交流研讨促进深度思考→概括提炼帮助构建概念→运用拓展内化概念",这一模式既是学生感知和理解知识的过程,也是学生训练提高知识素养能力的过程,体现了关键学习能力的培养要求。之后,生物组积极尝试将这一基本教学模式用于其他"通过实验帮助学生形成重要概念"的教学中,取得了不错的实效。

例如,在"生物圈中的水循环"一节,学生需要形成"蒸腾作用"这一重要概念。执教的陈教师并没有运用传统的教学模式"给出蒸腾作用概念→分析概念中的关键词→利用习题强化蒸腾作用概念",来帮助学生记住这一概念,而是设计了一个

演示实验,帮助学生形成蒸腾作用的概念,并通过一系列活动和问题情境的创设,帮助学生深度理解概念,帮助学生更好地提高了知识素养。

首先,陈老师展示了一个现场给紫背竹芋浇水的小活动,引发学生对"进入植物体的水到哪儿去了"这一问题的思考,导出学习主题。接下来,陈老师现场展示了3组经过处理的紫背竹芋,请学生观察实验现象。为了帮助学生看清细节,陈老师还配合使用了提前拍摄的照片。

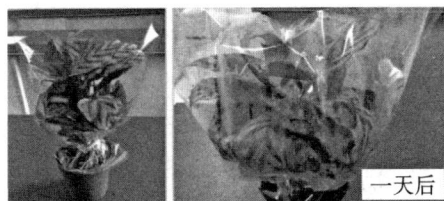

第一组

学生通过观察第1组发现,被塑料袋包裹了茎和叶的紫背竹芋,经过一天的阳光照射后,塑料袋内表面出现了小水珠。

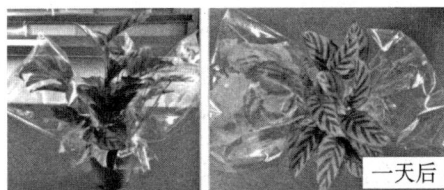

第二组

学生通过观察第2组发现,被塑料袋分别包裹了茎叶和茎的植物,经过一天的阳光照射后,包裹了茎叶的塑料袋内表面出现了明显的小水珠,而只包裹了茎的塑料袋内表面水珠不明显。

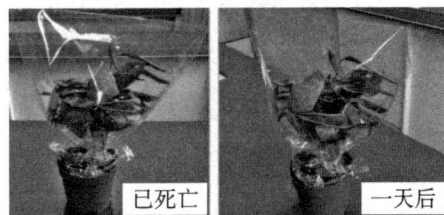

第三组

学生通过观察第3组发现,被塑料袋包裹了茎和叶的已死亡的紫背竹芋,经过一天的阳光照射后,塑料袋内表面没有出现小水珠。

学生通过对照第1组和第3组,得出了"活的"植物体,可以通过茎叶将水分蒸发出去的结论;通过对照第2组的两个部分,得到了植物体水分蒸发"主要通过叶片"的结论。再经过大家的交流和老师补充,得出水分是"以气体形式"散发出去的观点。

然后,陈老师引导学生将这些实验结论和研讨结果进行概括提炼,得到了蒸腾作用的概念:活的植物体中的水分,通过叶片等部位,以气体的形式散失到大气中的过程,叫做蒸腾作用。

学生形成蒸腾作用的概念后,陈老师又设计了分析"玉米一生需水量图表"的活动。学生通过分析图表,产生了新的认知冲突:为什么进入植物体的水分大部分又通过蒸腾作用散失了?针对学生新的认知冲突,陈老师又设计了观察美国红杉图片、体验酒精在皮肤上挥发的小实验、绘制自然界水循环简图等活动,帮助学生分析蒸腾作用对植物体自身及对生物圈水循环的意义。

最后,陈老师创设了"假设要移栽一批树木到学校,如果你是项目负责人,会采取哪些措施尽可能保证它们移栽后的存活"这样一个问题情境,引导学生运用所学解决问题。学生不仅需要运用本节所学关于蒸腾作用的知识,还需要从吸收作用、运输作用、蒸腾作用、生物圈中生物与环境的相互适应、生物圈中的水循环等不同角度,较全面地思考解决问题的方案。

在这个教学过程中,学生通过演示实验感知事实,通过分析事实得出结论,再经过概括提炼,形成了蒸腾作用的概念,而不是记住表述概念的文字符号。之后,学生又通过系列活动理解蒸腾作用的意义,并在解决实际问题中,建立与其他概念如"吸收作用"、"运输作用"等之间的联系,达到了深度理解概念的目的。这样的教学,有利于学生形成重要概念并构建网状概念体系。学生构建网状概念体系的过程,就是提高知识素养能力的过程。

其次是在常态课中探索其他关键学习能力的拓展策略。生物组在成功迁移运用规范性课例研究成果后,对"通过其他学习活动帮助学生形成和创生重要概念"

进行了探索,以在常态课例研究中丰富学生训练提高知识素养等能力的途径与策略。

实验是初中生物教学的重要形式,但不是唯一的形式,其他形式的学习活动,也能帮助学生顺利构建概念。在教学中,生物组在其他活动中迁移运用了"通过实验帮助学生形成重要概念"的基本教学模式。如在"脊椎动物(二)——鸟类与哺乳类"一节的教学中,"鸟类和哺乳类的特征"是学生需要形成的重要概念。执教的姜老师并没有直接给出两类动物的特征,而是尝试通过观察活动帮助学生形成这一重要概念。

姜老师设计了一个"参观微型动物展览馆"的活动:在实验室内放置13种涵盖脊椎动物五大类群的动物实物或标本,如鲫鱼、青蛙、蛇、鹦鹉、松鼠或兔等,学生根据"学习卡"预设的要求,观察它们的外部形态,并推测它们的一些生理特性。这样的观察活动,可以帮助学生在轻松愉快的过程中充分感知事实。接下来,姜老师再给学生充分交流研讨的机会:描述这些动物的形态结构、运动方式等特点。之后,姜老师引导学生根据自己的想法,从不同角度对它们进行分类并说明理由,最后统一到教材的分类方式,顺势概括提炼出脊椎动物中鸟类与哺乳类的主要特征。在运用拓展部分,姜老师给出了一些常见或易错的鸟类哺乳类图片,如家鸽、企鹅、猫、狗或蓝鲸等,请同学们根据所学判断其所属类群,帮助学生进一步内化概念,并感受这些动物的可爱,进行情感升华,从而形成思想认识:"让我们与动物们和谐共处。"

整个教学由"观察活动帮助感知事实→交流研讨描述特征→归纳概括形成概念→运用拓展升华情感"几个基本环节组成,帮助学生在轻松愉快的观察活动里、互动研讨的过程中,构建起"鸟类与哺乳类特征"的概念,并感受到生物之美与学科学习的快乐,进一步拓展了学生学习提高知识素养等能力的策略。

### 2. 不断引进新技术,让常态课例研究持续"生长"

对前期研究成果的积极运用十分重要,不断地优化变革已有的研究成果和实践策略,才能在常态课堂中积累更为丰富的关键学习能力的培养方法。

首先是在与"技术"的结合中创造性运用规范性学习成果,提高学生的关键学习能力。如生物组以云计算为基础、以平板电脑等移动设备为学习终端的云技术为手段,思考与探索如何让云技术更好地与初中生物概念教学相融合,借助"技术"的力量,提高学生的关键学习能力。

如在"种子萌发的条件"的教学中,周老师把教学过程设计为两个部分:课前实验和课堂教学。课前实验是学生利用绿豆、燕麦等植物种子,创设适宜条件,自主探究"如何让种子萌发",感知种子萌发所需条件并利用平板电脑记录实验数据。课堂教学则由"学生展示课前实验,推测萌发条件","平板电脑即时检测平台演示实验,准确表述萌发条件","深入探讨种子萌发需要相应条件的原因,构建概念与概念之间的联系","分析选修课种植太空种子失败原因等案例,学以致用"等环节构成。

课前实验能帮助学生直观感知事实,并突破种子萌发实验周期长、在课堂中开展活动无法当堂出结果的困扰。平板电脑作为移动学习终端,能让学习过程记录、结果提炼、成果交流更便捷。学生自主探究时,平板电脑的拍照录像等功能让实验数据的收集更直观形象,iMovie、Keynote等软件使实验数据的整理分析更生动;平板电脑投射功能也便于学生在全班展示过程和结果。

周老师把教材中的探究实验"种子萌发的环境条件",作为演示实验放入iTeach,学生能在即时检测过程中明确实验方案、观察实验现象、预测实验结果,再通过对预测结果与真实结果的比较,可以明确种子萌发的环境条件并准确描述;同时,也兼具了对变量确定、对照、现象描述、结论归纳等实验要点的学习;还能帮助教师及时了解学生的学习情况。

利用学习终端和教学平台,学生通过做实验、讲实验、想实验、用实验等活动,在倾听、行动、思考和表达的过程中,较好地构建了"种子萌发条件"的概念,体验科学研究方法,感悟生命之美。云技术的支持,让学习的时空得以拓展延伸、方式更多元、反馈更及时……实现了云技术、实验教学与概念教学三者的有机结合。

其次是与新的教学模式整合,开展常态课例研究,创造性地运用规范性课例研究和常态课例研究的已有成果,提高关键学习能力。如生物组在上述课例研究的基础上,进行了翻转课堂教学形式下的初中生物概念教学的常态课例研究,将翻转课堂教学过程与概念教学基本模式进行了整合如图4示。

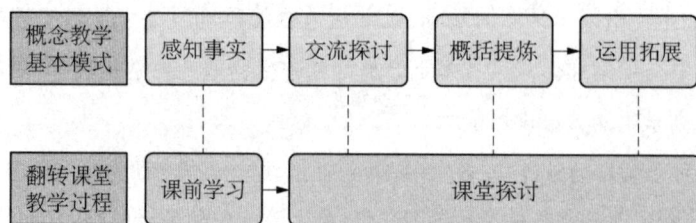

图4 初中生物概念教学基本模式与翻转课堂教学过程整合示意图

在翻转课堂教学形式下，概念教学中的"感知事实"环节，可以放在学生课前自主学习中进行；而在课堂探讨部分，则重点完成概念教学中的"交流研讨"、"概括提炼"和"运用拓展"三个环节。通过整合，将"感知事实"环节放在课前，可以很好地解决学生感知事实所需时间不均等、实验周期长等矛盾，也能让课堂探讨有足够的时间、空间和依据，向更有深度的方向进行。

如在"生殖器官的生长"教学中，姜老师采用上述方式培养学生的概念学习能力。在课前学习部分，学生通过观看姜老师推送的解剖桔梗花的微视频，以其为例辨认花的基本结构，初步感知各结构的主要功能，学习解剖花的基本方法；根据姜老师在微视频中提出的任务要求，学生自己找到一种花进行解剖与观察，比较它与桔梗花的异同，并利用这种花的各结构制作一幅拼图；利用校本学习课件"花的神奇旅程"，了解花形成果实和种子的过程；思考花与果实、种子之间的联系。而在课中研讨部分，姜老师着重解决学生学习过程中产生的问题和困惑，如"没在自己所选的花上找到相应的结构"等，帮助学生梳理本节知识结构，构建花的结构和功能、受精作用等重要概念，体验生命诞生的过程之美。这样的教学形式，能让有限的课堂教学更有深度，更好地促进学生的思维发展。

### 3. 不断完善课例研究成果，让优质课例常态化

优质课例常态化，是常态课例研究的重要目的，是大面积改善课堂教学的重要手段。如生物组在上述研究的基础上，不断充实和完善概念教学模式，并以这些教学模式为反思和改进课堂的标准，大面积提高了生物课堂培养学生关键学习能力的质量。通过多次规范性课例研究和常态课例研究，生物组提炼出了"感知事实→交流研讨→概括提炼→运用拓展"的生物概念教学模式，实现了让优质课例常态化的目标。

首先是以形式多样的学习活动帮助学生充分感知事实。如在"呼吸作用"的教学中，教师要求学生以小组为单位，选择教材提供的3个相关演示实验，"种子萌发时吸收氧气"、"种子萌发时释放二氧化碳"、"种子萌发时释放能量"中的一个进行操作并利用平板电脑记录过程，这些过程记录成为了交流探讨时最直观、最有力的数据，帮助学生顺利构建了呼吸作用的概念。探究活动的另一种重要方式，是丰富

多样的实践活动。这些活动可以是模型制作、也可以是资料收集、体验活动等,它们可能不像实验那样需要特定的材料、严谨的方案和详实的记录与分析,但是同样能帮助学生充分体验感知。如在"植物及其他生物的生殖"教学中,学生感知事实的方式是亲手栽培一种植物。学生通过对绿萝、土豆等植物的栽培活动,体验扦插、压条、种子繁殖等生殖方式,为之后建构营养生殖、有性生殖、无性生殖的概念储备了丰富的事实。制作精良的微视频还能帮助学生充分感知事实。在初中生物概念教学中,微视频的形式通常有两种,即讲解微视频和示范微视频。讲解微视频,是指教师在录制的微视频中,对某一重要概念是什么进行讲解和示例。如在"神经调节的基本方式——反射"教学中,教师以"膝跳反射"为例,在展示学生完成膝跳反射的过程的基础上,讲解反射的基本概念,再通过一段膝跳反射的各环节的分解动画,帮助学生感受参与完成反射的各结构及其在反射活动中的作用。学生通过观看微视频,可以初步建构反射的概念。示范微视频,主要针对验证性实验,教师将需要示范的实验操作要点,录制成微视频,学生根据教师示范进行实验操作,达到"一对一"的教学效果。例如,在"解剖观察肾脏"一节,教师就提前推送了"如何对猪肾脏进行解剖"的微视频,学生可以边观看边实验,达到及时指导的效果。

其次是利用现代信息技术助力学生交流研讨。学生在充分感知事实后,必然有一些发现,产生一些问题或疑惑,需要有表达的机会。因此,交流研讨环节必不可少。在之前的研究中,学生往往以课堂发言的方式,借助语言进行表达,交流研讨的形式相对单一。随着学校云技术试点班的建立,平板电脑这一学习终端、云教育平台等,都为学生的交流研讨提供了更广阔的方式:文字、表格、图片、照片和视频等,都可以很直观、很方便地成为交流研讨材料。如在"种子萌发的条件"教学中,学生利用平板电脑,以图片、视频等形式,记录了自主完成的"让种子萌发"探究实验的相关数据,再利用平板电脑的投射功能,将镜像投射到电视屏幕上进行展示交流,真实再现了实验过程。在"性状遗传有一定的规律性"教学中,有一个"调查父母性状"的活动。学生回家调查后,利用邮件平台或是网盘精灵,将调查结果发送给老师,供课堂上交流研讨使用。现代信息技术运用到教学中,交流研讨过程变得更便捷、更生动、更及时。

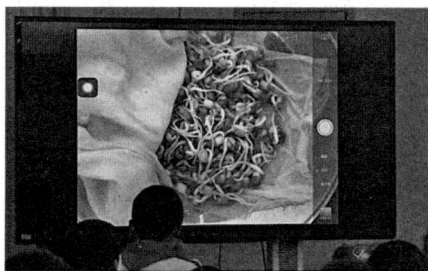

发件人: stu1610
主题: 回复: 今天请调查自己父母的性状
日期: 2014年11月10日 GMT+8下午7:51:37
收件人: zhoumi <zhoumi@icloud.cdqzcz.com>

1.都是双眼皮
2.都无耳垂
3.都无酒窝
4.妈妈: v 爸爸: 1 我: 1

发自我的 iPad

学生利用 iPad 投射功能展示交流实验现象　　　　学生利用邮件平台以送的性状调查结果

### （三）设计或运用创生性问题引领学生概括提炼

概念是通过对事实的分析归纳得出的,是对事物的抽象和概括,是人的思维活动的结果。因此,学生在感知客观事实基础上的概括提炼,是学生构建概念的关键一环,而设计或运用学生产生的创生性问题,可以引领学生进行概括提炼。而这种创生性问题,是在充分了解学生现状与需求的基础上,在学习材料或学习活动中找寻到冲突点后,利用冲突形成的问题,往往具有"聚、趣、适、活、准"等特点。"聚"是指问题聚焦于学生现实情况与理想状态之间的"冲突",用冲突形成问题;"趣"是指问题中的冲突与学生的现实生活、直接经验紧密联系,能激发学生主动学习的兴趣;"适"是指问题既不是太简单,也不是太复杂,它所引发的认知冲突适度,把握住了学生的最近发展区;"活"是指问题冲突具有一定的灵活性,能拓展学生思维的深度和广度;"准"则是指问题表述准确,不会产生歧义,并且意图明显,直指学生在学习任务中的冲突点。这些问题如果运用得当,能很好地促进学生进行高层次思维活动,帮助学生构建概念。如在"人的生殖与发育"教学中,教师就收集了学生在学习过程中产生的约 70 个问题,并对这些问题进行了整理、归纳和分类,将这些问题分为"生殖系统结构与功能"、"受精作用"、"发育"、"安全与卫生"四个部分。每个部分的教学,就围绕学生提出的具有普遍性或是新颖性的问题展开。如在"受精作用"部分,就以学生提出的"精卵在哪里结合","精子进入卵细胞时为什么有液体刺激? 液体成分是什么?","为什么卵细胞受精后其余的精子就不能进去了?"等问题展开研讨,通过解决问题,帮助学生构建本节的重要概念"受精作用"。

第三是以源于实际的问题案例帮助学生运用拓展。来源于学生身边或是生活中的实际问题,可以很好地帮助学生运用拓展。因为对问题的解决和案例的分析过程,既是对学生学习效果的检测,又是帮助学生进行知识迁移、培养学生思维品质、提升学生综合素养的过程。如在"蒸腾作用"的教学中,恰逢学校花园改建,学生亲眼见到工人们移栽了不少树木。执教教师抓住这个创生点,以"园丁移栽树木"为案例,请同学们分析移栽树木中的注意事项。这个源于学生身边的实际问题,很好地激发了学生的研讨热情,学生们认为"削减枝条是为了降低蒸腾作用","保留根部的土壤使根能很好吸水","用绳子保护树干因为茎有运输作用","给树打吊针可以补充无机盐"等等。这不仅反映了学生对重要概念"蒸腾作用"的灵活运用,还能看到他们与之前所学的"吸收作用"、"运输作用"等重要概念建立了联系,这促进了网状概念体系的构建,在常态优质的课堂上提高了学生迁移性学习知识的能力。

# 第二章

# 学习素养：学会学习的集中体现

"学会学习"是中国学生发展核心素养体系的六大维度之一,是否具备"学会学习的能力",直接影响学生核心素养的发展速度与程度。"学会学习的能力"作为整体提升核心素养的关键学习能力,既是学习能力的重要内容,也是学生发展核心素养的基础与保障,而学习素养,则是学生学习的集中体现。七中初中学校在以核心素养为引领的课例研究中,开始了提高学生学习素养,促进学生学会学习的课例研究。

## 一、学习与素养：课例研究中"学会学习"的两个关键

为了在规范性课例研究和常态课例研究中提高学生"学会学习的能力",我们对"素养视野下的学习"、"学习所需的素养"和"学会学习的二个研究维度"进行了细化,以此建构提高学生学习素养的课例研究框架。

### （一）课例研究的起点：素养视野下的学习

随着理论的发展和实践的深入,学习活动在科学和哲学的层面都得到了教育者更全面的认识。从获取知识到发展能力,再到提升素养,学习的内涵也随着认识

的变化得到了丰富和发展。在素养视野下理解学习的新内涵，是开展提高学生学习素养课例研究的首要条件。

"素养"指平素的修养，其中不仅包括知识、技能，也包括能力、思维、态度等。素养一词进入教育学领域，是对"知识"、"能力"等概念的一种纠偏。与素养相对应的英文概念最早出现在管理学领域，是针对人才选拔问题提出的。1973 年，美国心理学教授麦克利兰发表文章 *Testing for Competency Rather Than Intelligence*，批评了传统测试偏重智力因素的弊病，明确提出 competence 这一概念，最初被译为"竞争力"或"胜任力"。此后，competence 逐渐得到广泛认可，取代了能力（ability）、技能（skill）等概念，成为了 21 世纪衡量人才的重要标准。"素养"这一概念具有三个方面的显著特征，对学习提出了不同要求。

第一是人本性。传统的知识、技能概念是客观的规定标准，能力在此基础上更强调了发展的意义，但是并未能跳出外在统一要求的局限。而"素养"则指向个人经验的积累和认知的成长，是"由内而外"的"修养"的结果。素养基于个体生命体验产生，随着个体成长而丰富，由内在动力驱动，在外部环境影响下不断成熟，具有鲜明的个体特征。以人的个性发展和独特体验为前提，承认人在发展中的主体地位，是素养概念的应有之义。与此相应，素养视野下的学习是学习主体内生的个性化认知活动，是人本性的学习，基于核心素养的学会学习，就是具有人体特征的学习。

第二是过程性。知识、技能是对人的静态描述，只存在"有""无"两种状态；能力是一种动态描述，除了"有""无"之分，另有"高""低"之别，是具体的，可塑性强。素养则是一种更立体的描述，它不仅是对一个人当下状态的评价，更是对其此前成就的肯定和其未来发展的判断。时间是"素养"存在的充要条件：一方面，素养随着时间的推进得到丰富和发展；另一方面，素养在时间的流逝中逐渐沉淀和明晰。相应的，素养视野下的学习是需要经过酝酿和沉淀的，是在复杂的认知升级和情境迁移的作用下完成的，是过程性的学习。因此，核心素养培育下的学习，是特别强化过程质量的学习。

第三是整合性。素养包含知识、技能和能力，更包含了思维方法、价值取向等诸多要素。但素养不是这些要素的累加，而是整合。因此，素养的发展不仅要依靠知识量的丰富、能力水平的提高和思维层次的跃升等要素，更依赖于各要素结构的优化。只有结构优化，能够在真实情境中发挥作用的素养，才是高水平的素养。相应的，素养视野下的学习是学习要素不断适应，协调配合，使得学习主体从容面对环境变化的过程，是整合性的学习。

总的来说，素养视野下的学习，是以学习者为本的自主发展活动，是学习者通过长期储备、消化和运用，使得学习活动各要素得到协调发展的复杂过程。这一过程从学习者自身开始，并阶段性地处于学习者的监控调节之下（应允许无意识的酝酿阶段），其结果是综合素养的提升，即包括关于学习内容的素养和关于学习活动本身的素养，这是以核心素养为引领的课例研究的起点。

### （二）课例研究的指向：学会学习所需的素养

素养视野下的学习分析，构成了课例研究的思考起点；但对具体学习行为的研究，则需要指向学会学习所需的素养，只有在各种课例研究中，始终关注提高学生关键学习能力所需要的"核心基础"，发展学生学会学习的素养，才能在从规范走向常态的课例研究中，攻克培养学生学习能力的实践难题。

#### 1. 关于学习能力与学会学习所需素养的已有研究

学习能力是学习素养中最重要和最主要的部分。此前许多关于学习素养的研究，也是以学习能力（或称学习力）的核心概念为统领的。基于认知科学、神经科学或心理学等理论基础的学习活动研究，为我们揭示出学习背后可能存在的机制机理，推进了我们对人的学习能力的认识。而基于不同的理论依据，可能得出不同的学习模型，也就产生了不同的解释以及不同的学习要素。

起初，学习能力被认为是由智力主导的一种天赋能力，研究者多把学习能力视为一个由多种因素影响的整体，从解读学习能力内涵，或对其内部因素进行分类的角度进行研究。早期研究认为，学习能力是由记忆力、注意力、观察力、想象力和思维力等智力因素组成的。心理学家布鲁姆率先提出"掌握学习理论"，批驳了"智力决定论"，认为时间和效率比智力更能够影响学习的结果。心理学家亚历山大在1935年发表的《具体智力和抽象智力》一文中，首次提出了"非智力因素"，将动机、兴趣、情感、意志和性格等因素提到了重要位置。而后，加德纳提出"多元智能理论"，将人的智能分为语言智能、音乐智能、视觉空间智能、肢体运动智能、数学逻辑智能、人际智能、内省智能、自然智能和存在智能九大智能，从不同的角度解读了人的学习能力。弗拉维尔在《认知发展》一书中提出了元认知的概念，开启了新的研究领域；布鲁纳提出的"认知策略"，奠定了学习策略在学习能力中不可或缺的地位。

后来的研究者多数认为学习能力是一个由多种要素构成的综合体。从学习能力构成角度看，美国哈佛大学的柯比认为，"学习力应该是包括学习动力、学习态度、学习方法、学习效率、创新思维和创造能力的一个综合体"[①]。英国"有效终身学习编目"（ELLI：effective lifelong inventory）项目的学习力研究，以克莱斯顿教授的开拓性研究为基础，经过深层次研究，将学习力的确定为七大要素：变化和学习（changing and learning）、关键好奇心（critical curiosity）、意义形成（meaning making）、创造性（creativity）、学习互惠（learning relationships）、策略意识（strategic awareness）、顺应力（resilience）[②]。我国学者张仲明、李红根据学习活动的进程，将学习能力分解为知识力、解析力、生成力、迁移力、执行力和强化力六大成分[③]。

裴娣娜教授在此前研究成果的基础上，构建了学习力的"三层次六要素"立体结构模型，其中，第一层次为人的基本素质，包括"知识与经验"、"策略与反思"和"意志与进取"三大要素；第二层次为实现发展的基本路径，包括"实践与活动"和"协作与交往"两大要素；第三层次为发展的最高境界，其要素为"批判与创新"[④]。"三层次六要素"模型更宏观而全面地呈现了学习活动的内在机制，对学习素养的构建具有重要的借鉴意义和参考价值。

### 2. 学会学习所需素养的三个维度

"学习活动是人的全部生命投入的过程"[⑤]，因此，学会学习所需的素养是一个

---

① ［美］柯比，著. 学习力［M］. 金粒，译. 海口：南方出版社，2005：1.
② 杨欢，沈书生，赵慧臣. 英国 ELLI 项目学习力理论解读及启示［J］. 外国中小学教育，2009，(09)：43—48.
③ 张仲明，李红. 学习能力的成分研究［J］. 西南大学学报（社会科学版），2009(35)5：147—153
④ 裴娣娜. 学习力：诠释学生学习与发展的新视野［J］. 课程·教材·教法，2016，(07)：3—9.
⑤ 李润洲，石中英. 人·学习·学习能力——构建学习型社会的哲学思考［J］. 教育学报，2006(2)1，62—67

庞大且复杂的系统。其中不仅包括认知能力,也包括学习方法;不仅包括思维方式,也包括知识储备;不仅包括个体反思能力,也包括交流协作能力。要将学习素养中的各种要素穷举于此,几乎是不可能的,但我们可以根据对学习活动的理解构建学习素养的理解框架。

以色列学者斯法尔德认为,学习兼具"个体性获得"与"社会性互动"两种属性,并以"获得—参与隐喻"对此问题进行了概括。她认为,对于个体而言,学习既是对知识进行内化的活动,也是逐渐融入外在情境及文化氛围的活动,二者各有其价值,不可偏废。[①] 类似的,丹麦教育学者伊列雷斯认为,所有的学习都包含两个过程:一是个体与环境的互动过程,二是内部心智进行整理的获得过程。[②] 而裴娣娜教授学习力模型中以实践与活动、协作与交往为两大发展路径,同样支持了这一看法。

芬兰学者帕沃拉和哈卡赖宁在此基础上做了补充,认为学习还有生发第三种隐喻的可能,即知识创造隐喻。他们认为,学习是主动参与知识创造的过程,并提出了"独白式(monological)"、"对话式(dialogical)"及"三方会谈式(Trialogical)"三种学习话语模式。[③]

素养视野下的学习是人本性、过程性和整合性的学习过程,是学习主体由内而外不断对自身经验进行补充、优化并在实践中验证改进的过程,学习的三种隐喻——获得、参与、创造——应该是学习整体不同阶段的不同表现。从整体的视角来看,学习活动是一个有机系统,学习主体、学习对象和学习媒介("工具、符号等人造物")三者之间是能动的互动关系,学习主体在三者互动过程中表现出获得、参与或创造的倾向,或者是同时表现出多种倾向且不会在三种隐喻中产生矛盾。而无论是表现为哪一种倾向,学习最终的成果必然来自三者之间的互动关系,而非任意个体的独立作用。即使是"独白",也是学习主体在与自己原有经验互动的基础上产生的新知识。学习是由三种隐喻共同架构支撑的活动,因此,学习素养应该从三

---

① Sfard A. On Two Metaphors for Learning and the Dangers of Choosing Just One [J]. Educational Researcher,1998,27(2):4.
② [丹]克努兹·伊列雷斯,著. 我们如何学习[M].孙玫璐,译. 北京:教育科学出版社,2009:23.
③ 左璜,黄甫全.试论学习的第三种隐喻[J].外国教育研究,2013(8):61—70.

个维度进行描述。

从学习隐喻的角度来看,学会学习所需的素养应为学习主体的获得、参与和创造提供充分的准备,应有知识素养、问题素养和创新素养三个维度。具体的学习要素围绕知识素养、问题素养和创新素养发挥作用。其中,知识素养是学习素养的发展基础,决定了学习素养的广度;问题素养是学习素养的关键和质量保障,决定了学习素养的深度;创新素养是学习素养的外显形式,决定了学习素养的高度与学习者的高阶能力。学习素养在知识素养、问题素养和创新素养三个维度上的发展共同决定了其整体的质量水平。

## 二、学习素养与核心素养:课例研究中"学会学习"的四对关系

要以核心素养为引领,在课例研究中攻克"学会学习"的教育难题,在把握"学习"与"素养"这两个关键的基础上,还要厘清学习素养与核心素养、学习素养与文化基础、学习素养与自主发展、学习素养与社会参与这四对关系,才能在课例研究中聚焦核心素养发展所需要的关键学习能力,在帮助学生提高"学会学习"能力的过程中,有效发展核心素养。

### (一)学习素养与核心素养的关系

学会学习所需的素养可以简称为学习素养。学习素养是学习者进行学习所需的知识、技能、方法、能力和态度等要素,在知识素养、问题素养和创新素养三个维度下整合形成的立体结构。核心素养是"中国学生发展核心素养"的简称,根据核心素养研究课题组的定义,"学生发展核心素养,主要是指学生应具备的,能够适应终身发展和社会发展需要的必备品格和关键能力"。[①] 二者既有关联又有区别。

首先,学习素养与核心素养都是在素养视野下研究人的发展可能性的概念。二者都是以学生为主体,研究的是学生全部身心的发展,都对学生的成长具有重要的指导意义。

———————————

① 核心素养研究课题组. 中国学生发展核心素养[J]. 中国教育学刊,2016(10):1—3.

其次,学习素养与核心素养从不同的视角关注了人的发展的不同方面。一方面,学习是人发展自身的重要途径,但并非唯一途径。学习素养侧重于学习,对人的发展的其他途径较少涉及;而核心素养针对人的全面发展,例如核心素养中的"健康生活"、"责任担当"等内容,在学习素养体系中没有直接体现。另一方面,核心素养聚焦发展素养的核心部分,是学生发展的"必备"品格和"关键"能力;而学习素养则整体观照学生在学习活动中的需要,指向与学习活动有关的所有要素。总的来说,二者切入点不同,是对人的发展的不同侧面的解读。学习素养内涵较窄,只针对学习,但外延复杂,要素繁多;核心素养内涵更丰富,指向人的全面发展,但由于"核心"的限定,外延清晰简洁。

最后,学习素养与核心素养的内容互有交叉、互相贯穿,相辅相成。学习是发展的一种途径,因此可以说学习素养是发展素养的重要内容;核心素养则是发展素养的核心组成部分。二者同属于"发展素养"这一上位概念,又从不同角度切入,形成了互相交叉、互相贯穿的关系。学习素养中的重要内容在核心素养二级指标"学会学习"部分有直接的体现;核心素养中的"文化基础"、"社会参与"也与学习素养中的知识积累、学习态度、能力迁移、自主创新等要素有明显的对应关系。人的发展离不开学习,学习促进发展;而发展也给学习提供新材料、新体验、新平台,支持学习水平的进一步提升。所以说,学习素养和核心素养是相辅相成的关系。

## (二) 学习素养与文化基础

"文化是人存在的根和魂。"[①]文化基础是核心素养的基础部分,在学习素养中也具有重要的地位。同时,由于理解角度的不同,文化基础对于学习素养的意义比其对于核心素养的意义更加重大和深远。

第一,"文化基础"也是学习素养的重要组成部分。文化基础包括人文底蕴和科学精神两个方面的内容,是学生在学习、理解、运用人文和科学领域的知识与技能等方面所形成的基本能力、思维方法、情感态度、价值取向和行为表现,包括人文

---

① 核心素养研究课题组. 中国学生发展核心素养[J]. 中国教育学刊,2016(10):1—3.

积淀、人文情怀、审美情趣、理性思维、批判质疑和勇于探索六大基本要点。这些要素在学习过程中具有基础性的价值,也是学生在学习过程中需要重点关注的内容。学生的人文底蕴和科学精神不仅是核心素养的重要体现,也是衡量其学习素养发展程度的重要参考。

第二,文化基础是学生学习素养提高和发展的前提条件。学生学习素养的提高和发展是一个循序渐进的过程,需要经过长时间的积累和沉淀。而文化基础的培养在其中发挥了决定性的作用。深厚的人文底蕴和严谨的科学精神,是在学习中提高效率,保证质量,深化思考的重要条件。

第三,提高文化基础水平是学习活动的目标之一。提升学习素养是为了更好地服务于学习活动,尤其是服务于在实践中面对新环境和新问题时的独立学习。在脱离了标准答案和他人引导的情况下,文化基础是决定学习质量的重要凭借。学生在平日的学习中要丰富体验,加深理解,努力"发展成为有宽厚文化基础、有更高精神追求的人"①。

### (三) 学习素养与自主发展

人的自主发展是现代社会对人性和人权的基本尊重,也是现代社会和谐稳定、快速发展的基本保障。自主发展作为核心素养的重要内容得以强调,既是对学生主体的保护,也是为学生未来发展建构的能力基础。学习素养与自主发展及其两个方面的内容紧密联系,这种联系主要体现在三个方面。

第一,学会学习是提升学习素养的根本追求。自主发展包括学会学习和健康生活两个方面的内容。学会学习包括乐学善学、勤于反思和信息意识三个基本要点,对学生的学习态度、学习习惯、学习方法、自我调节和信息技术运用等提出了具体要求。这些要点同时也是学习素养的应有之义,其最终目的是要促进学生学习行为的优化和在学习中提高获得、参与和创造的水平。作为联合国教科文组织提出的教育四大支柱之一,学会学习是核心素养体系的组成部分,而学习素养是学会学习的集中体现。

---

① 核心素养研究课题组. 中国学生发展核心素养[J]. 中国教育学刊,2016(10):1—3.

第二，自主管理与学习素养互相辉映。健康生活包括珍爱生命、健全人格和自主管理三个基本要点。其中自主管理和学习素养关系紧密。管理学大师德鲁克认为，做好规划，抓住机会，到干出实在的成绩，都基于对自己的深刻认识，包括认清自己的优缺点、了解自己怎样学习和怎样与人共处、明白自己的价值观如何、知道自己能在哪方面做出最大贡献。① 人是以自己为发展对象的，具备一定的学习素养才能实现的，更好的学习素养有助于实现更深刻的自我认识和更有效的自主管理；同时，自主管理能力的增强也有利于人监控自己的学习过程，调节自己的学习活动，促进学习素养的提升。

第三，学习素养是自主发展的基本前提和决定性因素。作为核心素养的重要组成，自主发展不仅意味着学生在学习过程中的自主发展，也是面向未来的自主发展。学习素养同样有服务于当下学习和未来发展的双重意义。尤其是随着学习素养提升带来的认知升级，往往会给一个人的人生观、世界观和价值观带来深远的影响。北京师范大学肖川教授认为，造就自主发展的人，需要新的学习方式；而学习方式的转变意味着个人与世界关系的转变，意味着存在方式的转变。② 这里的学习方式就是学习素养中的重要要素，这种转变正揭示了学习素养与自主发展的关系。

### (四) 学习素养与社会参与

人是一种社会性的动物。在现代社会环境下，更不可能有人彻底地离群索居，生活在完全独立的时空里。而学习恰恰是人与环境互相适应、互相协调的过程。从这种角度看，学习素养的发展对于社会参与的意义不言而喻。

第一，学习素养本身也具有社会参与的意义。卡西尔在他著名的《人论》中指出，人是"符号的动物"，生活在符号系统之维中，且"人类在思想和经验之中取得的一切进步都使这符号之网更为精巧和牢固"③。正是为此，学习必须承担帮助自然

---

① [美]彼得·德鲁克，著. 21世纪的管理挑战[M]. 朱雁斌，译. 北京：机械工业出版社，2009：142.
② 肖川. 造就自主发展的人[M]. 成都：四川教育出版社，2006：4.
③ [德]恩斯特·卡西尔，著. 人论[M]. 甘阳，译. 上海：上海译文出版社，1985：33.

人理解这个复杂的符号系统,并向社会人过渡的任务。这也是学习参与隐喻的重要内容,人通过学习进入已有的社会系统,成为社会的一分子。

第二,学习素养是建立责任担当的基础。责任担当是社会参与的一方面,"主要是学生在处理与社会、国家、国际关系方面所形成的情感态度、价值取向和行为方式。具体包括社会责任、国家认同和国际理解等基本要点"。[1] 责任担当的建立并非独立的过程,是浸润在各领域学习中,最终综合发挥作用的结果。因此,培养学习素养,对于增进学生理解、深化学生情感、坚定学生的价值取向具有基础性的作用。

第三,较高的学习素养是实现实践创新的前提。实践创新是社会参与的另一方面,"主要是学生在日常活动、问题解决和适应挑战等方面所形成的实践能力、创新意识和行为表现。具体包括劳动意识、问题解决和技术应用等基本要点"[2]。实践创新的要求,主要体现在实践操作上,但"知行合一",有效的实践操作离不开高质量的学习,解决问题、实现创新更需要以较高的学习素养为前提。

## 三、从"教学素养"到"学习素养":课例研究的重心转移

在分析了"学会学习"的两个关键和厘清了"学会学习"的四对关系以后,我们发现,要提高学生"学会学习的能力",必须在课例研究的内容上,实现从"教学素养"到"学习素养"的转变。从"教学素养"到"学习素养"的转变,是视野的转变,是观念的转变,是对此前教育变革的继承和发展。实现这一转变绝不会是一蹴而就的。一方面,这一转变要建立在从"教师中心"到"学生中心"和从"教程设计"到"学程设计"两个转变的基础之上;另一方面,其本身也需要教师和学生刷新对教与学活动的理解,调整教与学的行为,实现艰难的转向——尤其是对于教师而言,完全理解、认同新的理念,并予以践行,可能是一个漫长而纠结的过程。因此,成都七中初中学校开始了从"教学素养"到"学习素养"的课例研究的转型探索。

---

① 核心素养研究课题组. 中国学生发展核心素养[J]. 中国教育学刊,2016(10):1—3.
② 核心素养研究课题组. 中国学生发展核心素养[J]. 中国教育学刊,2016(10):1—3.

## （一）课堂观察：从"教师中心"向"学生中心"转变

从"教师中心"向"学生中心"的转变，是 19 世纪末在教育界流行开来的一场"革命"，这是三个转变中历史最长、影响最大、最难以彻底实现而又最具有基础性的。其代表事件是针对赫尔巴特教育学理论的缺陷，掀起的以欧美的"新教育运动"和"进步教育运动"为主的教育实验，同时"教师中心"和"学生中心"之争也引发了广泛的理论研究和探讨。如，英国教育家尼尔就提出"学校适应学生"的观点，并创办夏山学校，以"民主、自由"为基本理念开展教育实践。

其实早在赫尔巴特之前，卢梭已经鲜明地提出了以学生为中心的教育思想，并描绘出了一幅理想的浪漫主义教育图景。卢梭在《爱弥儿》的序言中说："我们对儿童是一点也不理解的：对他们的观念错了，所以愈走就愈入歧途。最明智的人致力于研究成年人应该知道些什么，可是却不考虑孩子们按其能力可以学到些什么。"①卢梭也因这一思想，被后来的学者称为"教育界的哥白尼"。杜威丰富并深化了学生中心的理论体系，针对赫尔巴特理论中教师、教材和课堂为教育教学活动中心的"旧三中心"，建立了以儿童、经验和活动为教育教学中心的"新三中心"，提出了"做中学"的重要理念，给美国的进步教育实践提供了很多重要的思想导向和有力的理论依据。

在 20 世纪中期，"新教育运动"和"进步教育运动"逐渐走向衰落。随着学生中心的教育实践的推广，其弊端迅速显现出来，效率低下、质量下滑的问题普遍出现，学生中心理念一度受到质疑。至今，学生中心已成为普遍共识，而此前留下的问题仍然值得我们深思。

从"教师中心"到"学生中心"的转变之所以意义重大、影响深远，关键在于其本质是对教育教学主体进行重新审视从而解放学生，这对此前的教育学体系是翻天覆地的，也为此后的理论和实践打开了全新的世界。从此以后，儿童时期不再是成人的预备期，而是成为有着独特使命和意义的阶段；儿童的学习不再是为日后的所需准备材料，而成为一段真实的生活体验；教育不再是填充容器，而是成为满足要

---

① ［法］卢梭，著. 爱弥儿——论教育（上卷）[M]. 李平沤，译. 北京：商务印书馆，1996：2.

求的手段；学生不再是被动服从的"受教育者"，而成为主动的"学习者"。正如"哥白尼革命"的比喻所指的，学生围着教师转的神话破灭了，学生才是教育教学活动的中心，一切都要在学生的四周活动。

可以说，也正是这样的一种过于形象、过于绝对的理解，导致了这场革命最终的失败。教师地位的快速下滑，引起了一种普遍存在的偏见（这种偏见在今天仍然可以看到）——以学生为中心即是让学生成为主体，即是减弱教师的教而加强学生的学，即是减少了教师的工作量，降低了对教师的要求。事实恰恰相反！学生中心要求教师加强对学生的理解，加强针对性的教学，同时更应该加强组织和引导，这就要求教师要做更全面、更充分的准备，要有更强的教育教学能力。这就对教师提出了更高的要求，如果教师在学生中心的教学中放松了组织引导，对学生的学习不敢指导、不敢表态，势必造成学生学习的两极分化和普遍低效；只有教师能够从容应对学生的需求，提供适当的帮助，才能真正形成合力，发挥学生中心应有的效果。"新教育运动"和"进步教育运动"之所以最终面临衰落，也在很大程度上受到了师资力量的影响。小范围的实验由精英的教育家和研究者主导，收效良好；推广后，普通的教师在理解和执行上难以把握其中的"度"，可能是造成教育质量下滑的原因之一。

"学生中心"更像是教育领域的"光荣革命"，是一场成人对儿童、教师对学生宣称承认其权利的仪式。这场仪式对"天赋童权"进行了明确的认定，新教育联合会通过的《儿童宪章》即是这场革命中的《权利法案》。革命并没有把教师赶下讲台，变成附庸；而是给学生带来了平等、民主和自由。平等即学生与教师同为教育教学活动的主体，共同参与教育教学活动；民主即学生在教学活动和集体生活中有发表意见、参与决策的权利；自由即学生有发展个性、自由行动的权利。"学生中心"的主要意义，体现在教师要"把学生看作学生"，承认学生的客观条件，尊重学生的主观需要，以学生身心发展的基本规律为教育教学活动的首要依据。具体而言，怎么做才是真正的"学生中心"？卢梭的表述已经给出了明确的标准——研究学生，理解学生，才是真正的以学生为中心。以核心素养为引领的课例研究，在课堂观察时，必须把对教师的观察转向重点观察学生的学习状态与行为，就是在研究学生、理解学生的过程中，把握好教与学的"度"，实现课堂观察对象的转变，提高课堂学习效益。

## (二)设计反思:从"教程设计"分析向"学程设计"分析转变

设计反思,是指对教学设计或学习设计的审视与反馈,是对已有教学(学习)设计的得失进行总结。显然,如果准确把握了"学生中心"的意义,第二个转变也就成为顺理成章的事情了。既然学生是教学的中心,教学就应以学生的学习为依据来安排,而不应以教师的教学为依据。因此,在课例研究中转变了课堂观察对象,在评析和反思课堂设计时,就应从"教程设计"的质量分析,转向"学程设计"的质量分析。

教程指的是教学的过程,学程指的是学习的过程;教程设计指的是教师的教学安排,而学程设计则是教师根据一般规律对学生学习过程的设想和规划。"教程设计"和"学程设计"仅一字之差,其内涵大同小异。提出这样的转变很容易让人感觉是"玩文字游戏"。有学者就指出,在实际工作中,所谓"学案"并没有比"教案"更能体现其字面上显示出的先进性,更认为"以'学案'代替'教案'就其逻辑而言,可以说是二元对立的简单思维表现——教与学的对立、内容与形式的对立"[1]。

事实上无论是"教程"和"学程",还是"教案"和"学案",从理论上讲都是有实实在在的区别的。由于操作主体的不同,即便针对同一活动内容,设计(或方案)的呈现也会有所不同。教程设计的主要线索是教学活动的安排和实施,呈现的主要是为了实现教学目标需要组织的活动及其展开的步骤;而学程设计的主要线索,是计划学习的重点和学习的思路,呈现的主要是学习中所需的材料、概念、方法活动及各部分的关系。教程设计的形式更接近于时间表或计划书,教师以此为教学实施的依据;而学程设计的形式应更接近于说明书,既是学生学习的蓝图,也是教师辅导学生学习的依据。

与"学生中心"的主张一致,从"教程设计"到"学程设计"的转变,也并不排斥"教程设计"。这种转变更多地是对既有概念进行细化、梳理和澄清。"学程设计"是以学生视角还原学习过程,从学生现有起点出发,走向预期的学习结果,它不仅

---

[1] 孟献华,李广洲.合理性存在:教案与学案的对话[J].中小学教师培训,2009(2):32—34.

是学生和学习居于教育教学中心地位的必然结果,更是还学习活动的本来面目,防止教学过程异化的必要保障。在"学程设计"的比对下,追求热闹的无效活动、为了应试的死记硬背、故作深刻的过度拓展等,才能无处遁形,教学才能更加有的放矢。

在操作上,"教程设计"要突出教学重点,而"学程设计"则要精心选择教学重心。教学重心是与学程相关的经验的焦点。教学重心本身不是目的,它们从本质上讲是辅助手段。如:"理解光波的性质"不可能被看作教学重心,而"用浅的、玻璃底的容器装水做实验"是一个好的教学重心,通过这种方法,波的性质可以被观察和理解①。教学重心应适合各层次的学生,激活学生的学习状态,使学生较直观地学习;并将教与学相联系,以便于学习的进一步生成和综合,这是课例研究中反思学程设计应该特别关注的问题。

### (三) 活动评价:从"教学素养"到"学习素养"

所谓教学,是"教"与"学"的对立统一。教学过程一方面包括教师的活动(教),同时也包括学生的活动(学)。教和学是同一过程的两个方面,彼此不可分割地联系着。② 教学最终的效果是由教师的教和学生的学共同实现的。但在课例研究中评价活动时,不少老师往往忽略了学在其中的作用。我国教育话语系统中的约定俗成,所谓的"教学理论"实质上就是"教的理论"或称"教论",尽管有些人声称自己反对把教学理论分解为教论和学论,但实际上他们讨论的依然是教论。并且,即便我们分清楚教和学,"把教学实践分解成教师的教与学生的学两部分之后",仍然认为"教师教的活动就是教学理论所研究的对象"③。因此,无论我们如何重视学生在课堂上的地位,如何重视学习在教学中的意义,当我们想要提高教学质量的时候,首先想到的依然是研究"如何教"的问题。

不断提高教的水平固然是必要的,但始终不能跳脱出教而着眼于教与学的整体,就未免流于行为主义的机械。杜威曾明确指出:"纯粹的外部指导是不可能的。

---

① 乔治·J·波斯纳,艾伦·N·鲁德尼茨基,著. 学程设计:教师课程开发指南[M]. 赵中建,等,译. 华东师范大学出版社,2003:137.
② [苏]凯洛夫,主编. 教育学[M]. 陈侠,等,译. 北京:人民教育出版社,1957:130.
③ 崔允漷,主编. 有效教学[M]. 上海:华东师范大学出版社,2009:19.

环境至多只能提供刺激以唤起反应。这些反应从个人已有的倾向开始。"①于教学而言,纯粹的教也不能带来学的改变,除非学生已有学的倾向。学生作为教学活动中的一个主体,不应被视为单纯的接受者,而应是与教师同样具有能动性的参与者。

从"教师中心"到"学生中心"的转变,将课堂主体的焦点转向了学生;从"教程设计"到"学程设计"的转变,将课堂活动的焦点转向了学习。在以学生的学习为聚焦的活动中,只是通过提升教师的教学素养来提高整个活动的水平,已经很难达到目标了。学习是教学活动的根本,学习素养是学生学习最根本的动力和基础。只有学习素养才有可能成为撬动教学的"支点"。

同时,学习素养的提升也是教学活动和学习活动的重要区别。学习是学习者通过各种途径获取知识、能力的过程,以习得为目的;在教学中,学习者也进行学习,但最终目的绝不能终止于习得,而是要实现"学会学习"的目的。因此,学习素养不仅是教学活动开展的动力和基础,更是教学活动的根本追求。只有摆正学习素养的位置,深入理解学习素养之于教学的意义,才能真正做到"四两拨千斤",带动课堂的飞跃。

聚焦"学生中心"体现于研究学生,进行"学程设计"体现于研究学习,关注"学习素养"则体现于对学生学习的全面理解和具体观察。关注学习素养的教学,是明确学生起点,透视学生学习过程,观察学生学习表现,评价学生行为改变,帮助学生有意识地提升学习素养的过程。课例研究中的活动过程评价,应逐步实现这一转变,才能在评价的强势引领下促进学生提高"学会学习的能力"。

## 四、学习素养的提升路径:课例研究的重点内容

根据上述分析和课例研究的重心转移,以核心素养为引领的课例研究,应不断细化学习素养的提升路径,以优化提升路径为切入点,确定规范性和常态化课例研究内容,实现课例研究从规范到常态的转变。

---

① [美]约翰·杜威,著.民主主义与教育[M].王承绪,译.北京:人民教育出版社,1990:28.

## （一）学习素养的课堂表现——课例研究的分析维度

学习素养是学习者知识、技能、方法、能力和态度等方面的综合体现。这其中有显性的要素，有隐性的要素；有的可以通过测评得到量化，有的则不能。并且由于每个人的学习体验都有所不同，每个学习者的学习素养都具有不同的内在结构，同一个人的学习素养在面对不同的情境时也会有不同的表现。

课堂学习是一种特殊的学习活动。从学生的角度看，课堂学习是学生自我修炼学习素养的主要手段；从教师的角度看，在课堂学习中把握学生的学习素养水平，以学生学习素养的发展作为主要目的安排、调整教学，进行有针对性的教学活动，是提升学生学习素养的根本路径。

教学是有目的、有组织、有计划的活动，教师要通过真诚的对话和平等的交流对学生的学习进行有效的激活、监控、评估和引导。相应的，学生的课堂学习有别于常态下的学习活动，而必须受到教学目的、教学组织和教学计划的限制。在当下的教育实践中，这种限制主要表现为学习主题的确定性、学习主体的群体性和学习时空的有限性。因此，学生在课堂学习中是有所侧重地调动学习素养中的知识素养、问题素养和创新素养，集中通过理解、反思和表达三个方面的学习行为完成课堂学习，实现学习素养的提升。因此，学生的学习素养在课堂上也通过理解、反思和表达三个方面的学习行为得到体现。

理解是学生将自己已有的意识、认知和经验与外界环境对接，从而获得对外界环境认识的过程。在课堂上，理解主要体现在学生学习新概念、获得新知识，并消化吸收，使之融入原有知识体系。学生的知识素养首先体现在课堂的理解上，只有学生表现出较好的理解能力，才能不断积累知识、运用知识，对其所学内容进行进一步加工。

反思是学生利用自己已有的经验审视新经验，通过事实分析、价值判断和审美感受，获得对所学对象的完整感知，为其找到准确定位的过程。在课堂上，反思主要体现为学生在主动或被动的质疑下，从多种视角检验新知识和新经验，不断梳理自己的理解结果，得到个性化的解读。学生的问题素养首先体现在课堂的反思上，只有学生能较好地进行反思，才能不断发现问题，理清思路，深化认识，丰富自己，获得独立的思考和独特的见解。

表达是学生把自己的经验、观点、体会、情感、理念、思路和设想等内在的主观思考或感受,通过语言文字、肢体、音乐、绘图、制作和实验等方式外显为客观的作品,并让他人理解的过程。在课堂上,表达主要体现为学生通过说、写和做等方式练习所学技能、参与课堂讨论和呈现学习结果。学生的创新素养首先体现在课堂的表达上,只有学生能较好地进行表达,才能实现学习的应用,真正地实现创造,进而培养创新的意思与能力。

理解、反思和表达,是学生学习素养在课堂学习中的主要表现,同时也是学生学习过程中的重要要素,三者各有侧重,但并非相互排斥,更不是依次地、独立地进行的,把握学生学习素养的表现要注意综合看待,不可犯机械主义的错误。

上述内容,构成了课例研究的评析维度与指标,不同的课例研究可以选择上述的一点或两点进行探索,以具体实在的课例研究突破学习素养的提升难点。

## (二)四种关键学习能力——课例研究的重点内容

教师的教应以学生的学为根本出发点和落脚点,围绕学生在课堂上的学习表现进行启发和引导,促进学生学习素养的提升。师生教学活动要针对学生学习素养的具体方面进行设计、实施和创生,根据学生在课堂上的理解、反思和表达的表现不断拓宽广度,挖掘深度,提升高度,高质量地完成具体内容的教学,实现学习素养的提升,这些构成了课例研究的重点内容。

### 1. 研究如何提高学生把知识变为素养的学习能力

提高学生把知识变为素养的学习能力,需要展开以"知识素养"的提升为核心内容的教学活动,这一教学活动应以理解为主线展开,逐步实现三级转化。

第一级是让学生明确对象知识的具体内涵,在学生头脑中建立新的连接。这要求学生能重述知识。这也是传统教学中同样强调的,可以通过讲授实现。这一级完成了知识的"传递"过程。

第二级是要让学生理解对象知识,让学生在头脑中接受对象知识。这要求学生能辨别知识的具体表现。这一过程需要学生通过多种方式学习,对知识有立体的感受。传统教学中往往以量代质,通过训练固化学生的认识。而在知识素养本位的教学活动中,应注重学生学习工具、学习方法和学习思路的调整,辅以量的积累,帮助学生理解知识。第二级转化完成了学生的"识知"过程。

第三级是要引导学生分析自己的前两级转化,让学生通过监控和回顾认识自己的理解过程,有意识地改善自己的理解活动。这要求学生能独立理解处于最近发展区内的相关知识,这是知识素养本位教学中特别应该注意的部分。第三级转化完成了学生的"元认知"过程,是提升学生知识素养的关键。

以核心素养为引领的课例研究,应把握"理解"内核,在"三级"转化中寻找研究点和突破点。

**2. 研究如何提高学生运用知识解决问题的学习能力**

提高学生在这一方面的学习能力,需要开展以问题素养为本位的教学活动与课例研究,这一教学活动与课例研究应以反思为主线展开,逐步实现三级转化。

第一级转化要帮助学生学会思考,要引导学生联系已有知识,对关于所学知识的基本问题进行思考和回答。这要求学生能根据教师的提问进行积极的思考。教学中,教师应结合学生的实际情况做好准备,提出一系列有助于理解知识的问题,这些问题应兼具启发性和基础性,且问题之间具有前后逻辑关系,便于引导学生思考的深入。

第二级转化要帮助学生学会提问,要启发学生分析所学知识与已有知识的关系,提出问题并展开思考。这要求学生能自主提问,独立思考。在提问方面,教学实践中经常出现低效甚至跑题的现象,教师应重视组织,在教学中引导学生聚焦核心问题。尤其是要结合人文情怀、科学精神的培养,培养学生的学科意识,逐渐帮助学生对可讨论的范围有所感受。

第三级转化要帮助学生高效地进行思考和提问,要帮助学生优化知识体系,明确基本范畴,提升思维品质,从而引导学生提出高质量的问题,进行高水平的思考。这要求学生能理清思路,发现关键问题。这是问题素养的较高追求,不仅是学生学习的高标,也对教师自身素养提出了挑战。在教学活动中实现这一转化,需要教师和学生在教学活动中抓住时机,默契配合,互相启发。这一方面的课例研究,就是要总结提高学生运用知识解决问题这一学习能力的提升策略。

**3. 如何提高学生学会体验创新的学习能力**

要提高学生的这一能力,需要开展以创新素养为本位的教学活动与课例研究,这一教学活动与课例研究应以表达为主线展开,其重要原则是尊重自主,鼓励创新。

创新素养与知识素养、问题素养不同,创新本身就意味着打破常规,既没有可参照的标准,也没有规格大小、水平高低,如何创新、创新得如何更是无从谈起。以创新素养为本位的教学活动必须打破一切传统教学中的束缚,让教师与学生的共同研习、碰撞成为课堂的主要活动。教师要尊重学生的主体性,任由其质疑、设想和辩论,允许学生对权威的认识进行解构和重构,才能提高创新能力。

无中生有即为"创",前所未有即为"新"。学生的创新可能是在"自己的世界"里的创新,班级讨论的创新可能是在班级范围内的创新。尽管于世界而言这是微不足道的,但是于一个学生、一个班级,却可能带来翻天覆地的变化。教师应善于发现亮点,鼓励这些"已有的创新",更要鼓励"微创新",这样才能真正提高学生学会创新的能力。

**4. 如何在教学实践活动中把知识素养、问题素养和创新素养整合为学习素养**

知识素养、问题素养和创新素养三者共同构成学习素养的主体内容,但三者并不互相排斥,也不可独立存在。以任何部分为本位的教学活动,不可能完全不涉及另外部分的培养。提升学习素养的教学实践,是对以上教学活动设想进行整合实施的过程。实践中,教师既要有所侧重,也要融会贯通;既要精心设计,又要把握时机推动创生。只有将培养学生学习素养当作一个整体来看待,才能真正做到"随风潜入夜,润物细无声"。

学会学习所需的素养,即学习素养的提出,试图以新的概念取代智商、知识和能力等片面的描述,还原完整的学习者形象,提供一种更生动更鲜活的视角。七中初中学校课例研究的创新与实践,试图通过行动研究对教学活动进行阐释性的理解,引导教学研究回归真实的教学生活,解决教学的实践问题①。在学习素养的视野下,每个个体都具有个性化的素养基础,都经历了个体化的学习经验,因此会形成学习者在同一任务中的不同理解和不同表现,这也就要求学习者要在学习中积极合作,互相启发;课例研究作为校本教研的重要途径,必须以合作的设计、讨论、修改和反思不断推进,参与研究的教师通过研究的过程获得"换位的思考和合作交流过程的碰撞与相互启迪"②。学习素养从理念上促进了学生间的互助和互补;课例研究则从方法上促进了教师间的互助和互补,二者的融合还要进一步促进师生间的教学相长,促进学习共同体的深度协同,才能以核心素养为引领,以学习素养的提高为核心,推进课例研究从规范走向常态。

---

① 安桂清.课例研究的意蕴和价值[J]全球教育展望,2008(7):15—19.
② 胡庆芳.课例研究的作用、特征和必要条件:来自日本和美国的启示[J].外国教育研究,2006(4): 29—33.

# 第三章

## 活化知识： 提高学习素养的第一步

　　学会学习的第一个重要表现,就是具备提高知识素养的学习能力。提高知识素养的学习能力,就是学习感知、理解、内化、迁移和运用知识的思维方式与学习方法,并能灵活运用这些思维方式与学习方法的能力,这种能力也被称为活化知识的能力。因此,学会活化知识,提高活化知识的能力,既是学会学习的第一步,也是提高学习素养的第一步。

　　知识作为一个多元结构的存在,对学生具有多维发展价值。知识在内在结构上包含三个不可分割的成分：符号表征、逻辑形式和内在意义。① 符号表征是人对世界的具体看法或认识结果;逻辑形式是人认识世界的方式和过程;内在意义是知识具有的促进人思想、精神和能力发展的力量,是知识与人的发展之间的一种价值关系。与此相对应,核心素养背景下的知识也应包括三个部分,即作为认识事物和现象的"事实性知识",掌握信息与知识的"方法论知识"和为什么学习的"价值性知识"。学习知识,就应理解和把握这三个层面的知识,才能为打牢文化基础创造条件。

　　知识素养,是指活化知识与运用知识的能力与素质,其内涵非常丰富,本章重

---

① 辛继湘. 课程评价改革的当代知识论基础[J]. 课程・教材・教法,2005(6)：17—20.

点探讨三个方面的知识活化问题：一是概念知识的理解与活化，二是课本知识的迁移与活化，三是具体情境中的知识活化问题。

概念的形成，不仅是构成知识素养的基础要素，更是学生对学科知识和学科思维方法的重要认知。理解、形成、领会和运用基本概念，是良好学习的开始，是提升学习素养的前提，是学会学习的重要阶梯。

课本知识是学生需要理解和把握的重要知识，如何把课本知识与生活有机链接，在生活或其他领域的学习中运用静态的课本知识，使课本知识富有生命力，这是学生是否具有知识素养的重要标志，也是学生能否把知识变为素养的关键。

情境是知识生长和运用的土壤，如何在不同的情境中发展知识，运用知识解决隐含在情境中的问题，是活化知识的重要手段，只有用好用活这一手段，才能提高活化知识的能力，迈好学会学习和提高学习素养的第一步。

要在常态课堂中发展学生的知识素养，需要在课例研究中着力探讨这三个方面的问题，逐步解决如何学知识、如何学有用的知识以及如何让知识变得有用等问题，从而提高活化知识的水平。为此，七中初中学校的老师们进行了如下探索。

## 一、活化概念的形成过程，提高活化概念知识的能力

概念，是学科的骨架性知识，只有活化了概念性知识，才能真正走进这门学科，活化学科知识。为了提高学生活化知识的能力，提升学生的知识素养，各学科教师首先通过规范性课例研究，探讨了"活化概念形成过程"的方法，然后把这些方法用于常态课堂，展开常态课例研究，在从规范到常态的课例研究中，提高学生活化概念知识的能力。

### （一）规范性课例研究：探索"活化概念形成过程"的方法

活化概念形成过程，是指改变机械讲授概念知识、让学生死记硬背概念的教学现状，重视概念的形成与创生过程，引导学生在富有活力的概念学习中理解和运用概念，提高活化概念知识的能力。如物理组以教科版八年级下册第七章第一节《力》为载体，确立了"影响学生理解物理概念的因素"这一研究主题，在三次试教中

活化了概念的形成过程,提炼出了理解物理概念的因素,帮助学生提高了活化物理概念知识的能力。

在第一次试教中,教师确立了如下学习目标:

### 基础目标

● 知道力是物体对物体的作用;

● 知道物体间力的作用是相互的;

● 会分析已知力的受力物体和施力物体;

● 知道力可以使物体发生形变,也可以使物体的运动状态发生改变;

● 知道相互作用力的特点。

### 发展目标

● 在已有生活经验的基础上,通过观察等活动清晰认识力的存在;

● 初步认识物理学的基本研究内容,形成科学的世界观。

根据上述目标,教师设计了以下六个教学环节:

第一环节:由视频"大力士拉飞机"引入课题,震撼的效果引起了学生的关注与兴趣。

第二环节:引入课题后,让学生利用身边的器材,做出一个可以感受到力存在的动作,并用语言描述出这个动作。再明确告诉学生,生活中的"推、拉、提、压、吸引、排斥"都可以统称为一种"作用"后,学生很容易总结出"力是物体对物体的作用"。

第三环节:学生在学习卡"问题序列"的指引下,利用实验器材体验、理解力的概念。学生回答出有的力是物体相互接触产生的,有的力不需要物体的相互接触。得出力的分类:接触力和非接触力。在老师的引导下得出一个力必须有两个物体,一个叫施力物体,另一个叫受力物体。教师出示情境图片,学生分析施力物体和受力物体,对所学知识进行巩固。随后教师引导学生分析"接触的物体之间一定有力的存在吗?"在教师问题的逐步引导下,学生得出"相互接触的物体之间不一定会有力的作用"。

第四环节：分析两个同学相互推的图片中的施力物体和受力物体，引入力的作用是相互的。由两名学生站在滑板上演示相互作用力的实验，其他同学仔细观察并利用手中的器材探究相互作用力的特点。分组试验后，学生上台演示实验过程并表述得出的结论。分别得出作用力与反作用力同时产生，作用力与反作用力大小相等、方向相反的结论。教师直接给出"相互作用力一定在同一直线上"这一结论。

第五环节：学生利用身边的器材体验力的作用效果。得出结论：力能使物体发生形变；力能改变物体的运动状态。激光笔、平面镜演示微小形变。

第六环节：学生小结本节课内容，并利用习题对本节知识加以强化。

试教后大家发现了如下问题：引入时间太长，效率太低；课堂目标偏高偏多；实验太多，重点不突出，概念形成过程的指向不明确；部分学生的课堂积极性不高，不少同学"本节课最喜欢的是实验，最讨厌的是概念"，"活化概念"的物理课变成了学生"讨厌概念"的物理课，于是开始了第二次教学，这次教学确定了如下目标：

**基础目标**

● 知道力是物体对物体的作用；

● 会分析已知力的受力物体和施力物体；

● 知道物体间力的作用是相互的；

● 知道力可以使物体发生形变，也可以使物体的运动状态发生改变。

**发展目标**

● 在生活经验基础上，通过观察等活动清晰认识力的存在；

● 初步了解物理学中概念的形成过程。

调整后的目标去掉了"知道相互作用力的特点"，发展目标更注重概念形成过程中的思维培养。为了使课堂更有针对性，教学环节从原来的六个减少为五个：

第一环节：视频"大力士拉飞机"引入；

第二环节：利用身边的器材体验力的存在，用准确的语言描述施力、受力物体；

第三环节：通过滑板实验以及对施力物体受力物体的分析，理解力的作用是相互的；

第四环节：由多种现象引出力的两种作用效果，对人眼无法观察到的微小形变用转化法进行演示；

第五环节：小结本节课的"知识与技能"。

把原来的四次分组实验精简为两次，在节约时间、提高效率的同时，为学生在理解和形成"相互作用力"这一概念留足了空间：

师：甲同学用力推乙同学，她们的椅子下都有四个轮子。她们将如何运动？

生：都向后运动。

师：谁是施力物体，谁是受力物体？

生1：甲是施力物体，乙是受力物体，但她们应该是相互作用的。因为甲在推乙的时候，甲也在运动。

生2：可以用一句话概述，就是力的作用是相互的。譬如说，甲在推乙的时候，乙也会产生一种反作用力使甲往后退。

师：我非常赞同你的观点。但请你回答我的问题：谁是施力物体？

生：我觉得甲既是施力物体也是受力物体，乙也是。

师：如果我的问题是甲推乙，谁是施力物体？

生：甲。

师：如果乙推甲，谁是施力物体？

生：乙。

师：我们要判断一个物体是施力物体还是受力物体，关键要看这个力怎样表述。

在这一系列问题中，教师不断引导学生的思考方向，用一系列追问把"施力物体、受力物体"和"力的作用是相互的"两个知识点合成一个整体，活化了学生的概念理解与形成过程。为了提高学生理解概念的准确程度，教师还引导学生养成严谨、精准的语言表达习惯。如：

师：怎么用实验验证相互作用力的大小问题？

生1：把两个弹簧测力计对着拉，它们两个显示的示数都相同。

师：大家认为对吗？

生2：不对。

师：有同学认为不对？虽然我很支持你，但我想听一下其他同学怎么说。

师：你认为不对，为什么？

生2：我认为，相互作用力大小应该是相同的，但是设计实验的时候应该让其中一个弹簧测力计不动，而用另外一个弹簧测力计去主动拉。拉动的时候，观察施力的这个弹簧测力计和不动的那个弹簧测力计，它们的示数分别是多少？然后，再把两个弹簧测力计挂在一起，同时用力拉，再看这两个弹簧测力计的示数分别是多少？然后再进行对比，就可以得出结论。

师：那你们得出的结论是什么？

生：反作用力和作用力的大小是相等的。

该生开始的连说带划，引起了其他学生的质疑，在其他同学质疑后，他能及时完善自己的语言表达，在老师的引导下慢慢形成有序的思路，最终得出结论，这一过程，就是学生准确理解和形成概念的过程。但本次课在活化概念形成的过程中还存在如下问题：情境引入不当；引发学生思考的关键点有所增加但仍然不够；实验太多，弱化了概念的形成过程等。为此，教师开始了第三次试教，这次试教确定了如下目标：

**基础目标**

- 初步理解力的概念；
- 知道力产生的效果；
- 知道物体间力的作用是相互的。

**发展目标**

- 在生活经验的基础上，通过观察等活动清晰认识力的存在；

● 初步了解物理学中概念的形成过程。

教学目标上,把"知道力是物体对物体的作用;会分析已知力的受力物体和施力物体",合并成"初步理解力的概念",目标更加聚焦。

为了达成以上目标,第三次课的教学环节做了较大调整,教学流程如图5示:

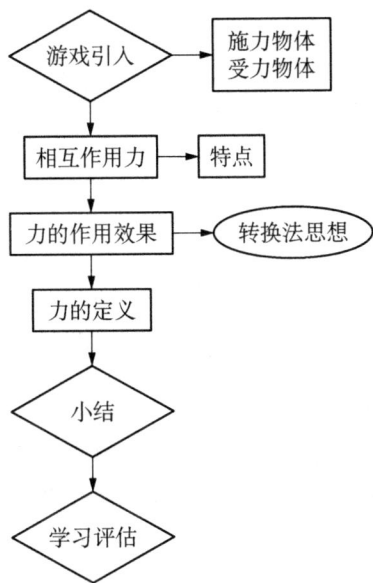

**图5 调整后的教学流程**

第三次课从设计理念看,完成了从"实验主导课堂"到"问题推动课堂"的转换,既突出了学生理解和形成概念的主体地位,也为学生质疑概念埋下了伏笔:

师:我们今天学习第七章第一节"力"。大家对生活中的力是不陌生的,这节课就从一个有关于力的游戏开始。我这儿有两个滑板。请两位同学上台为大家表演一下。(两位学生走上讲台。)

师:其他同学要仔细观察他们两个的游戏,我们要从这个游戏里找出物理知识来。第一个问题很简单,一个力至少要涉及几个物体?

生(齐答):两个。

师：看了再说。现在,请你们站在滑板上,两个人都伸出手来,慢慢地推开对方。

师：看清楚没有? 首先,这个游戏中有力存在吗?

这一情境引入不仅激发了学生兴趣,还产生了两个问题,为理解和形成概念奠定了基础,展开情境的过程也变为板书的形成过程,把板书变成了一种活化概念的方式：

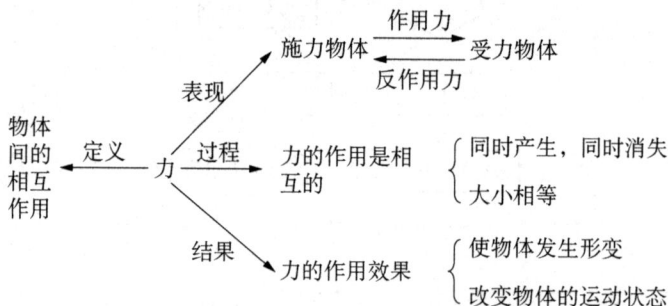

板书设计由单一的知识罗列,到选用结构图的形式给出知识之间的逻辑联系,既便于学生记忆相关的概念,同时也为学生知识框架的搭建提供了参考,是学生知识素养提升的有力生长点。为了进一步活化概念的形成过程,教师还加大了学生间思维碰撞的力度。如：

师：第八小组,你们探究的是什么?

生：力产生的先后顺序。

师：能不能上来给大家展示一下?

生：我们组认为这两个力是同时产生的。

生：将两个小车放在一起,按住它们,然后,同时放开,它们会同时弹开,表示它们同时受力。

师：你们做了几次实验?

生：三次。

师：他们做了三次实验,发现都是这样的。能不能说明问题?

生(齐答)：能。

师：那么大小问题谁探究出来了？

师：请第五小组。

生：我们组通过这两个弹簧测力器测出那两个力的大小是相等的。首先我们把一个弹簧测力计的挂钩挂在另一个弹簧测力计的挂钩上，然后两边同时拉动弹簧测力器，我们会发现他们的数字是相等的。说明了两个力是一样大的。不管哪边施力，它的示数都是一样的。

师：大家认为他们的实验合理吗？

生：合理。

师：刚才小周同学还跟我说他有另外的方法可以验证相互作用力的大小相等。请他来给大家讲一下。

生：首先，我选择的器材是两个带磁铁的小车、刻度尺、弹簧测力计。把这两把测力计分别挂在两个车子的尾部。归零。然后，我们把它往里慢慢靠近。这个时候，我们会发现这两边测力计的示数都是一模一样的。

师：也就是说这两个小车相吸引的力是……

生：完全相同的。

生：还有一种方法，把尺子放在中间。在有吸引力的情况下，先让它静止。然后同时放开。我们会惊奇地发现，在它们相遇的地方刚好是我们放置的那把尺子的中点。换句话说，这个时候它们受到的力也是相同的。

师：我完全赞同你的观点。请坐。

学生为解决问题积极开动脑筋，认真讨论方法，在解决自己问题的同时，也给别人以提示，课堂中百家争鸣，学生的想法得到充分释放，知识素养得到有效培养和提升。

欧老师因为要精简分组实验，在上课前让张老师把分组实验中的气球拿走了，她拿走时无意间留了一组在讲台上，而正是由于这一无心之举，却解决了课堂上一个意想不到的问题。

师：小周同学刚才表现得非常出色，我们请他再演示一个实验。

师：来，把你的滑板拿好。现在没有人陪你玩儿了，自己推墙玩儿。大家请仔细观察。看到什么现象啦？

生：小周同学在推墙壁的时候，因为受到力的作用就向后退了，但是墙因为本身不会动，所以就没有发生位置的变化。

师：这个问题我明白了一半，墙对小周同学的力产生的效果我很清楚了，让小周同学运动了，改变运动状态了？那小周同学给墙的力产生了什么效果呢？

生：我觉得墙受到的阻力比我大得多。我在推它的时候，它受到的阻力阻碍了它运动，所以说我的力根本不足以推动它。力的作用是相互的，我在推它的同时它也在推我，而那个力足以把我推开。

师：对，你分析得非常正确。那你给墙的作用力到底使墙怎么了？

生：它产生一些我无法发现的效果。

师：什么效果？我来提示一下，我这里有一个气球。如果我拿小车代表小周同学踩滑板，拿这个气球代表墙，看。使劲推……

生：变形。

师：小车是不是被弹开啦？是不是代表小周同学被推开啦？小车对气球的力产生了什么效果？

生：变形。

师：是形状变了，还是形态变了？还是状态变了？

生：形状。

师：那气球形状变了，墙形状变了没有

生：变了。

师：所以我们得到一个结论：我们对物体施加一个力，除了改变它的运动状态之外，还能干什么？改变它的……

生：形状。

师：我们简称形状的改变为形变。比较柔软的物体的形变是比较明显的，刚才大家说墙形变了，但是不明显，我再举一个例子。这一个讲台，铁做的。我用两个手指轻轻地碰一下它会形变吗？

生：会。

师：那是不是说明有力作用在物体上物体就会发生形变？

生：是。

师：什么时候不产生形变？

生：没有力。

从课堂教学实录看出，教师在这一环节遇到的问题和原来的预设有所不同。但教师受到学生问题的启发，巧妙地利用类比的方法解决了问题。这就是教师利用课堂上的"意外"为学生的学习能力发展搭造的有价值的平台。

在这次规范性的课例研究中，老师们对活化物理概念形成过程达成了如下共识。

**1. 变抽象为具体，利用生活中的情境活化概念**

物理组的老师们认为，物理概念多是从生活中概括、抽象而来的，一般有大量的生活事例作支撑。学生可能对抽象概念难以理解，但对生活中的熟悉事例却深有体会，也可能存在诸多好奇与疑问。老师引导学生细致观察、提出问题、解决问题，不仅在鲜活的生活情境中活化了概念，还对提升学习能力具有极大的促进作用。

**2. 从多个方面理解与活化概念，用恰当的实验支撑结论**

物理组的老师们认为，物理概念一般是对一种物理量所有特点的综述，信息量非常丰富，学生单从字面上很难理解清楚，更难以准确表述。所以，在形成概念之前，要尽可能让学生从多方面理解其特点，然后用一句尽可能简洁的话把所有特点完整地表述出来。在对特点的总结中，绝大多数同学依据生活经验总结，而这些经验有些是对的，有些是不完善的，有些甚至是错误的，这时实验就显得非常重要，正如《义务教育物理课程标准（2011年版）》所指出的那样，"义务教育物理课程是一门注重实验的自然科学基础课程"，让学生养成实验验证的好习惯，既使他们获得了在实验中形成概念的能力，也会对他们以后学习其他自然科学大有裨益。

### 3. 让学生表述概念，在质疑中活化概念的形成过程

学生是课堂学习活动的主体，教师是活动的组织者、引导者和合作者。老师要在课堂中控制自己讲授的时间和范围，放手让学生去表述。学生最初的表述可能不够完善，他们也许还会提出许多问题，老师要善于充当解疑者的角色，不直接给出结论，而引导学生在质疑中反思，在反思中完善自己的认识、完善自己的语言，只要学生理解到位，产生顿悟，就一定会形成一个较为完善的结论。学生在不断质疑中完善自己的过程，实际上是学生活化概念与促进自身成长的过程。

### 4. 帮助学生形成自己的知识体系，在"体系"建构中提高活化概念的能力

学生形成概念的过程可能是琐碎、杂乱的，这就需要老师引导学生把琐碎、杂乱的知识融合成一个有机整体。例如，老师可以通过课堂小结或板书等帮助学生搭建知识框架，理清知识间的逻辑关系，这样就能够很好地起到帮助学生记忆，构建知识体系的作用，并在建构知识体系的过程中提高活化概念知识的能力。

除物理组在规范性课例研究中探索"活化概念形成过程"的策略外，生物组也在规范性课例研究中探讨活化概念的方法。生物组以"验证绿叶在光下合成淀粉"为内容，通过规范性课例研究，对概念教学的模式进行了探讨。在第一次试教时，老师们虽然改进了实验教学方式，但实验与概念教学割裂，活化概念形成过程的目标没有实现。光合作用是初中学生需要构建的一个非常重要的生物学概念。教材安排了一系列分组或演示实验，帮助学生形成相关次位概念，进而构建光合作用的概念。"验证绿叶在光下合成淀粉"是这一系列实验中非常经典的一个实验，可以帮助学生形成光合作用这一概念下的一个重要次位概念：植物在光照条件下产生淀粉。

由于该实验的步骤比较复杂，所以在以前的教学中，生物组的老师们采用了"老师讲解实验步骤，学生根据讲解进行实验"的教学方式。这种方式的优点在于时间容易把控，学生也不容易出错，缺点是学生自主学习和思考的空间很小。因此，经过课前研讨，执教的吴老师设计了第一次课，将本节课大致分为三部分：分

析实验→实施实验→交流实验。希望通过增加分析实验和交流运用实验两部分来增加学生自主学习和思考的比重。

但由于实施实验过程需要耗时 15—20 分钟,"如何保证学生课前课后有充分的交流时间"是老师们面临的第一个问题。经过研讨,吴老师采用如下方式解决问题:在第 1 课时学习光合作用发展史时,预留 10 分钟让学生自主学习"学习卡"上的相关实验步骤,在每个步骤后面根据自己的理解写下设计目的并提出自己的疑惑,为第 2 课时分析实验做好准备。上课前,吴老师给大家简介了教学设计思路;参研老师分为 3 组,从教学结构、教师行为、学生行为 3 个维度进行课堂观察;课后,老师们围坐在一起进行研讨。

教学结构组记录了本次课的教学结构:

| 步骤 | 内　　容 | 时间 |
|---|---|---|
| 导入实验 | 马铃薯遇碘变色。 | 约 3 分钟 |
| 分析实验 | 一位学生展示学习卡并交流自己的想法;<br>教师引导学生分析每一个步骤。 | 约 13 分钟 |
| 实施实验 | 学生分组进行实验,教师巡视、指导。 | 约 15 分钟 |
| 交流实验 | 两组学生展示成果并交流。 | 约 4 分钟 |
| 运用实验 | 光合作用受光照强度影响;<br>光合作用受温度影响;<br>解释吐鲁番的瓜果为什么甜;<br>光合作用需要叶绿素。 | 约 5 分钟 |

教学结构组的老师们认为,本节课不仅实施实验的过程很充分,而且在实施实验前有对实验步骤目的的分析,实施实验后有对实验现象、结论的交流及对光合作用概念的运用,整个实验教学过程环节非常齐备。

教师行为组的老师们则普遍认为,执教的吴老师在这节课做得最好的地方是鼓励学生提问和质疑。例如,在学习卡的实验步骤部分,吴老师专门设计了"你的疑惑"这一栏目,鼓励学生提出问题。所以,在分析实验环节,仅一名学生就提出了"为什么一定要选生长好的叶片""遮光部分可以产生光合作用吗""非要脱色不可吗""用冷水可以吗""不洗去酒精会有什么后果""滴加碘液后叶片会变成什么颜色"等问题。针对这名学生提出的问题,吴老师采用生生互助或亲自讲解的方式进行解决。这既促进了学生在思考中不断创生,又强化了操作步骤,可谓一举两得。在实验后的交流部分,有一组学生失败了,吴老师没有回避,请他们展示了结果,还引导他们分析失败的原因。

学生行为组的老师们则认为:虽然由于实验前没明确指导实验操作中的某些注意事项,学生在实验过程中出现了一些不规范的现象,但学生普遍情绪状态良好,参与度较高。

从概念教学的角度看,这节课还存在不少问题。第一,导入实验影响了概念的创生与形成。在导入部分,用到了"检验淀粉"的演示实验。这个实验的目的是帮助学生强化"植物通过光合作用能产生淀粉",但由于老师在某些细节上没处理好:如将碘液滴加到马铃薯横切面上,看上去更像黑色;展示时只是站在讲台上,没有借助投影或绕场一周,坐在后面的学生看不太清楚;导入语多却没有很好地指向"光合作用需要光",影响了概念的创生与形成。第二,分析实验时提炼不够。吴老师在引导学生分析"选择一些生长较好的天竺葵叶片,用不透光的纸将叶片的一部分夹住"、"将夹好的天竺葵放在阳光下 2—3 小时"原因时,没能很好地帮助学生归纳出该实验的(自)变量"光照",不利于学生形成"光照是光合作用的必要条件"这一概念。第三,交流实验不充分。这节课的时间分配存在头重脚轻的问题,主要表现在"分析实验"环节用了 13 分钟,比预设时间多了 6 分钟。原因是老师请一名学生谈了自己对每个实验步骤设计目的的思考和疑惑,接着又重新把每个步骤分析了一遍,浪费了一些时间。这导致最能帮助学生进行概括提炼、构建概念的交流实验环节,因为时间不足,只用了 4 分钟就匆匆结束,缺乏对"光照是光合作用的必要条件"这一概念的概括提炼。第四,运用实验中问题不聚焦。老师设置的问题涉及"光合作用受光照强度影响""光合作用受温度影响""解释吐鲁番的瓜果为什么甜""光合作用需要叶绿素"诸多方面。这些问题并没有聚焦于"绿色植物在光照条件下合成淀粉"这一重要概念,对检测学生概念形成情况和强化概念的作用并不明显。

通过前后测的分析老师们也发现,学生对"植物通过光合作用能产生淀粉"掌握较好,但对"光照是光合作用的必要条件"理解不够,并没能很好地形成"植物在光照条件下产生淀粉"的概念。

商讨了改进策略后吴老师开始第二次试教,根据老师们的建议,吴老师调整了教学环节:导入实验的主材换成了红薯,帮助学生更好地观察实验现象;分析实验环节做适当精简,改由老师分步展示实验步骤,不同的学生谈设计意图和疑惑,并且只重点分析第 1、2、3 个步骤;加强实验前指导:实验实施前,将需要注意的事项以问题的形式列在 PPT 上,鼓励同学们从实验中找到解决方法,在设计学习卡时,增加了填写观察记录的部分。通过课堂观察和前后测的对比分析,发现学生概念形成的效果仍然不理想,原因主要有四个方面。第一,导入实验语言表述不精准。虽然改用红薯这一材料后,实验现象更明显,老师也注意让全班同学都观察到,但是引导语却不理想:当老师提出将碘液滴加在红薯上时,同学们已经预测到了应该变成蓝色,这时老师还用"见证奇迹的时刻到了"之类的话语并不适宜;虽然强调了"光合作用的产物是淀粉",但对"光合作用需要光"这个必要条件,并没有提及。第二,分析实验时还是没有明确指向实验变量。该部分实录如下:

师:"将上述装置置于阳光下,使遮光的部分接受光照 2—3 小时",它的目的是什么呢?

生:没遮光的进行光合作用。

师:光合作用。预期会产生什么?

生:淀粉。

从这段对话可看出,老师并没有引导学生从中提炼出该步骤的重要意义:"光照"是该实验的(自)变量、"遮光"与"不遮光"这两种不同的处理方法是为了进行对照,而是直接跳到光合作用的产物"淀粉"。这对帮助学生形成"光照是光合作用的必要条件"这一重要概念是不利的。

第三,交流实验不深入。虽然这次参与交流实验的学生面很广,有 8 个小组进行了实验结果的展示,但这些小组都只是将实验结果放在实物投影上展示了一下。吴老师并没有刻意引导学生们根据现象进行深入分析,提炼出"植物在光照条件下产生淀粉"的结论。本来,在实验实施前,吴老师也提出了一些需要注意的问题,其中就有"观察什么? 记录什么?"、"你有什么收获? 有什么新发现?"，学生在分组实验时，的确也针对这些问题进行了探讨。如果吴老师能够在交流实验部分引导学生回答，也能聚焦"光照"，但遗憾的是吴老师基本没提及这些问题。

第四，运用实验中的问题仍不聚焦。运用部分的问题涉及了光照强度、光照时间和温差等，但恰恰对"光照是光合作用的必要条件"涉及较少，并且由于前面环节超时，该部分只进行了2分钟就匆匆结束。因此，也没有达到检测和强化概念的目的。

总之，本节课虽然进行了形式上的改进，但实质上也没能实现实验与概念教学的有机融合，改进效果不太明显。

第二次课后，生物组的老师们开始思考：为什么这两节课都出现了时间分配不合理的情况？为什么交流实验、运用实验部分总是不令人满意？为什么学生对"光是光合作用的必要条件"理解不深入？经过思考和交流，他们认识到，这两次课出现时间分配不合理的情况，主要是因为老师想让学生展现的东西太多，但一节课时间有限，需要适度取舍。交流实验、运用实验部分不令人满意，是因为交流、运用的点太散，没有向"植物在光照条件下合成淀粉"这一重要概念聚焦。学生对"光照是光合作用的必要条件"理解不够，是因为学生的体验不够充分、理性分析不够深入。

根据这一分析，吴老师开始了第三次试教。针对前两次课反映出来的"学生对'光照是光合作用的必要条件'理解不够"的问题，老师们对教学进行了大刀阔斧的调整，力图让整个教学过程更聚焦于"光是光合作用的必要条件"。

首先，在课前增加一个实验准备活动：学生自己动手对天竺葵叶片进行遮光处理。这样，这节课的教学环节就变成了"准备实验→分析实验→实施实验→交流实验"。与此相对应，学生的认知过程就变成了"感性认识→理性分析→感性认识→理性分析"。通过亲手对叶片进行部分遮光，学生增加了一次感性认识的机会，能更好地感受该实验的（自）变量"光照"，有利于"光是光合作用的必要条件"这一重要概念的形成。

其次，预设了"整个叶片都没有光照"和"整个叶片都被光照"这两个特例：即分别在清晨和傍晚采集未遮光的天竺葵叶并进行处理，得到全部不变蓝色和全部变蓝色的叶片,意图引导学生观察并分析这两个特例,加深对"光照是光合作用的必要条件"的理解。

同时,吴老师还调整了导入实验的语言,对分析实验部分进行了详略处理,力求让引导更多地指向"光照是光合作用的必要条件"。吴老师还改进了一些实验实施过程的细节:如调整学习卡,明确提出了进行观察记录等要求;把短镊子更换为了长镊子等,更方便学生操作等。通过课堂观察,老师们普遍认为这次课在概念教学方面有了较大进步。

第一,导入实验部分平实自然,指向明确。

该部分实录如下:

(教师拿出准备好的红薯。)

师:同学们,这是什么?

生:红薯。

(教师切开红薯,展示横切面。)

师:请同学们观察切面的颜色是什么?

生:白色。

师:如果我们在切面上滴加几滴碘液,预测一下会发生怎样的变化?

生:变蓝。

(教师在红薯横切面滴加 3 滴碘液,展示颜色变化。)

师:这个现象说明什么?

生:红薯中含有淀粉。

师:根据你们所知所学,这里的淀粉又是从何而来?

生:光合作用产生。

师:植物在任何时候,任何条件下均能进行光合作用、产生淀粉吗?我们今天就通过实验进行验证。

虽然同样是验证淀粉实验,但由于表述语言明显指向"预测实验现象→分析实验结果→联系产生原因"这一思路,这个小实验与"绿色植物在光照条件下合成淀粉"这一重要概念就紧密结合了起来。

第二,分析实验部分详略得当,目的明确。在这次课中,吴老师进行了适度割舍,重点分析了前3个步骤。针对前两次课在第2步的分析指向不明显这一问题,吴老师做了一些改进。

该部分实录节选如下:

师:××认为"用不透光的纸对叶片进行部分遮光"是为了控制唯一变量,这个唯一变量是什么?

生:光照。

(教师板书:变量"光照"。)

老师有意识地引导学生归纳出这次实验研究的(自)变量是"光照",直接指向了"光照是光合作用的必要条件"。

第三,交流运用实验部分,抓住学生实验生成,帮助学生理解概念。和前两次课相比,这次课最大的亮点就在交流运用实验部分。由于分析实验环节的精简,学生有了更充裕的时间进行交流运用,加之吴老师鼓励提出问题的小组进行展示分析,所以在此部分,学生有很多生成。吴老师及时抓住了学生在实验过程中生成的问题,引导学生一步步分析思考,帮助学生活化创生了概念:

在展示实验结果时,吴老师请几个组同时进行了展示。学生发现有些小组的叶片部分变蓝,个别小组的叶片全部变蓝,产生了疑惑。吴老师首先引导学生们分析"为什么许多小组的叶片部分变蓝",帮助学生得到"植物通过光合作用能产生淀粉""光合作用需要光"的结论。再根据学生观察到的某个小组"叶片全部变蓝"这一事实,再次引导学生分析。学生们分析原因可能是"因为叶片遮光不够好,导致被遮光部分也进行了光合作用"。这样的分析其实又一次促进了学生们对"光照是光合作用的必要条件"的理解。接着,吴老师顺势展示了另外一个特例:课前预作的"整片都不变蓝的叶子",请同学们分析原因,学生很容易联想到"可能因为是阴天,这片叶子光照不足"。这次分析继续强化了"光照是光合作用的必要条件"。但吴老师并没停止,又继续追问学生"阴天如何弥补光合作用的不足",学生们想到了用"人工光源",这个回答反映了学生对"光照是光合作用的必要条件"的更深入的理解,因为它已经涉及到了光合作用的实质——能量转化。这样,利用学生通过实验亲身体验、亲眼观察到的事实,进行层层追问,引导学生深入分析,顺利地帮助学生形成了"植物在光照条件下产生淀粉"这一重要概念,并积极运用概念解决问题。前后测分析也说明,这节课学生对概念的掌握较前两个班的学生更好。

不仅如此,学生在该部分还有其他一些生成:有一个小组因没取遮光纸,脱色不好,造成了实验现象不明显,经过分析,他们自己得出了结论:还是应该按照实验要求取掉遮光纸。另一个小组因为酒精没加够,使叶片边缘变焦,也影响了实验效果,他们得出了结论:水浴加热时酒精应淹没叶片,这正好是实验步骤4提出的要点。还有小组在实验前提出"叶绿素会在实验过程中蒸发",老师并没有给出答案,而是让同学们带着这个想法去实践。后来学生发现,叶绿素不是蒸发了,而是溶解在酒精中了。这些展示和分析,其实就是学生对后面几个实验步骤目的和要求的实践印证。虽然这节课学生也没能当堂交流老师在实验实施前提出"如何防止烫伤"的问题,但由于学习卡预留了回答的地方,学生们也写下了不少想法:如"水浴加热时需保证操作台的平稳""尽量用镊子、抹布拿东西""可以用浸泡了凉水的抹布垫着来拿三脚架之类的很烫的东西"等。学生通过自己的实践归纳出确保实验安全的方法,比老师直接告知效果更好。这些生成,虽然与本节重要概念"植物在光照条件下产生淀粉"并不直接相关,但是对于培养学生积极思考、敢于质疑、并积极通过实践去解决问题等科学态度方法却很重要。

经过规范性的课例研究,生物组提炼出了"通过实验帮助学生形成重要概念"的基本教学模式,即"通过实验感知事实→交流研讨促进深度思考→概括提炼帮助构建概念→运用拓展内化概念"。


**1. 充分真实的实验体验保障学生感知足够事实,为概念的掌握铺垫基础**

概念源于事实,充分的事实感知是概念形成的基础。生物学是以实验为基础的科学,实验探究是帮助学生感知事实的重要途径。因此,在教学中,需要让学生获取充分的实验体验:实验前"自己动手对天竺葵叶片进行遮光处理",导入实验"红薯滴碘液变色",实施实验过程中的亲手操作,交流实验时实验结果及特例的展示,都让学生充分感知到"实验前需要对叶片进行部分遮光""植物能够产生淀粉""遮光部分不能产生淀粉,未遮光部分能够产生淀粉""光照不足时即使叶片都不遮光也不产生淀粉""遮光不好时遮光部分也能产生淀粉"等事实,积累了大量直接经验,为之后的概念形成奠定了基础。同时,这个学习过程也是学生感受科学研究的基本方法的过程。

**2. 充足的时间空间促进学生深度思考,才能把概念的理解引向深入**

如果只有充分的实验体验,没有充分深入的思考,学习过程的思维含量不够,不利于学生思维的发展。因此,教学中还需要为学生留足时间和空间,促进学生深度思考并积极交流。本次课例研究中,就特别注意这一点。在上1个课时预留10分钟自主学习时间让学生独立思考;在学习卡的设计上为学生预留了表达思考结果的空间:实验步骤栏目设计了"设计目的""你的疑惑",观察记录栏目设计了半开放式的观察记录表,增设了"收获与发现"栏;在分析实验环节,给学生留出了表达时间,提供了表达机会;在实施实验环节,鼓励学生积极尝试不同的实验材料和处理方法;在交流实验环节,给学生提供展示成功与失败并分析原因的机会。因为留足了时空,学生始终处于积极的学习状态,思维既有一定广度,又有一定深度。

**3. 精准的概括提炼帮助学生形成概念,在思考中建构与活化知识**

学生的感知是多样的,学生的思考是发散的,甚至可能出现一些认知上的偏差。因此,在帮助学生充分感知、深度思考的基础上,还需要引导他们进行概括提炼,去伪存真、去粗存精,构建精准的概念。

以本次研究的第3次课为例,教师在导入实验环节中的层层追问,在分析实验环节中对实验步骤2、3的直指实验(自)变量的"光照"的分析,在交流运用实验环节引导学生对光合作用条件和产物的概括,都有效地帮助学生提炼出了"光合作用需要光"这一重要概念。

**4. 恰当拓展,帮助学生进一步内化概念,在理解的基础上活化知识**

学以致用、建立联系是帮助学生进一步内化概念的重要途径,也是判断学生重要概念形成程度的重要依据。以日常生活中真实案例的分析、现实问题的解决为主的运用拓展环节,就是帮助学生学以致用、建立联系的重要部分。以本次研究的

第3次课为例,在交流运用实验环节,对两个特例"整片都变蓝的叶片"和"整片都不变蓝的叶片"产生原因的分析,对"阴天如何弥补光合作用的不足",都需要运用本节重要概念"光合作用需要光"解决现实问题的典型案例。学生通过对这些案例的解释和问题的解决,可以帮助学生进一步内化与活化"光是光合作用的必要条件"这一重要概念。同时,由于学生想到植物在"自然光""人工光源"条件下都进行光合作用,也和光合作用的本质之一"能量转化"建立了联系,提高了学生活化概念知识的能力。

### (二) 从规范到常态:在常态课例研究中运用和丰富活化概念知识的方法

为了更好地运用规范性课例研究的成果,物理组的老师们在常态课中加大了活化概念知识的力度。首先是利用学生的生活经验活化物理概念。如:雷电是先看见闪电,后听到雷声;压水井手柄越长越省力;骑车上坡是走 S 形省力;刀磨得越锋利切东西越快等等。教学中他们充分利用学生已有的生活感知,帮助学生学习新知识,形成新概念。帅老师在讲授《杠杆》一节时,事前做了充分准备,对学生提出了在生活中可能会想到和遇到的一些问题,例如:阿基米德说过,给他一根足够长的杠杆,他能把地球翘起来,这可能吗? 家中门的把手为什么安装在门边缘处? 然后他还准备了一些日常用品:老虎钳子、剪布用的剪子、理发用的剪刀、钓鱼杆、杆秤、天平、起子等,先让学生根据日常生活经验,分别说出如何使用,然后运用杠杆平衡原理引导学生解释这样使用的理由。这种教学虽看起来费时费力,但学生学习劲头高涨,课堂效果很好,有利于理解与活化有关概念。

其次是让学生积极地进行生活体验。如在《平面镜成像》一课中,同学们有很多关于照镜子的生活体验,但并不能把它们很好地迁移到课堂中。干老师在课前请同学们用平板电脑在校园中寻找平面镜成像的例子,全班 46 名同学利用平板电脑拍摄了 27 种不同的具有平面镜特点的图片或者视频。上课时大家从这些图片或视频中轻松地总结出了平面镜的相关概念,以及平面镜成像的规律。体验生活中的物理知识既有利于学生理解掌握有关的物理知识,同时也为学习新的知识打下了良好的基础。例如在学习运动和静止的相对性时,强老师在坐火车时,拍摄下了在车站观察并排的车的运动情况,展示了由于运动的相对性而带来的神奇的现象,并要求同学们留意体验在开车和刹车时由于惯性使人体向后倒和向前倾的现象。再比如学习摩擦力时,欧老师请一位同学把他的自行车搬到了教室里,自行车哪些地方存在摩擦,哪些是有益的,哪些是有害的,都是用什么方法增大和减小的。这些问题,同学们都有深切体验和感悟,结合生活实际,对学习摩擦的有关知识、理解摩擦的概念帮助非常大。

第三是让学生在生活中养成多观察、多思考的好习惯。如学习液化知识前,让学生观察从冰箱刚拿出的饮料瓶外面有水珠的现象;观察烧开水从壶嘴向外喷"白气"的现象,并思考为什么离开壶嘴一段距离才看出"白气"? 让学生思考早晨雾是怎样形成的? 草上的露珠是怎样形成的? 蒸馒头冒"白气"和冬天我们口中呼出的"白气"是否一样? 等等,这样既使学生感到物理知识就在身边,也使学生有针对性地形成概念,学习时更加得心应手。

第四是在翻转课堂中探索"活化概念"的教学模式。物理组的老师们在翻转课堂的教学形式中,探讨了利用规范性课例研究成果活化概念知识的"六五"模式:即课前六环节:初次备课——创建视频——学习视频——进阶练习——学习反馈——二次备课;课中五环节:新课引入——视频检测——提问分享——释疑拓展——巩固练习。在这一教学模式中,概念性问题前置,让学生有充分的时间结合自己的生活经验去理解并产生自己真实的疑问。课堂上老师以学生问题为导向组织课堂教学,这样的翻转课堂对学生概念的理解与应用更具有针对性。

第五是在评价中引领学生进行知识和方法的总结。如袁老师在执教《动态电路计算专题》中制作的PPT,如图6示。

计算专题也可以和生活实际相联系,所以袁老师给学生们设计了一个从调光灯开始的情境,并将整个情境贯穿全课。从一道有关调光灯的简单计算题开始,通过逐渐增加条件,逐渐增加变量,将一道简单的电学计算题演变成较难的计算题甚至是压轴题,同时电路图也跟着演变,由一个只含灯泡和滑动变阻器的简单电路,演变成了油量表、压力计、风力计等涉及到力电综合问题的复杂电路。在整堂课中,袁老师以"抽丝剥茧、层层递进"的方式,让学生在老师的引导和评价之下不仅能解题,还能体验到一道复杂的综合题其实是由简单题演变而来,且在方法上复杂

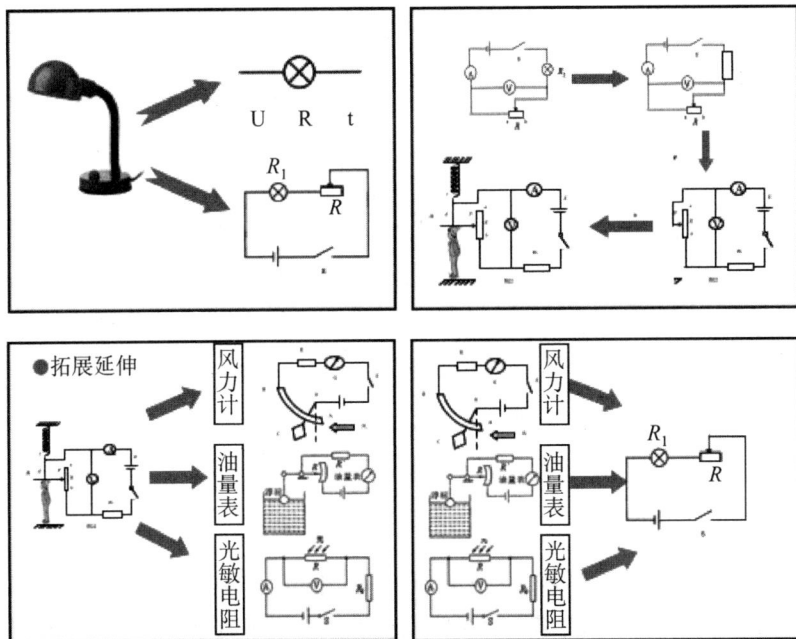

图6 袁老师《动态电路计算专题》展示PPT

题也可以逐步简化为一道简单题的过程。所以只有尊重学生,相信学生,放手让学生思考、操作、尝试、交流,从学生的角度设计问题,让学生有充分的应用知识解决问题的思维时空,活化知识的可能性才会变大,课堂上的生命增值效果才会更加明显。

知识素养的提升,在课堂和课外能够一以贯之,这才是教师追求的最终目的。养成好的学习和思考习惯,对学习能力的形成至关重要,无论是物理还是其他的学科,都需要多思考、多观察,才能让素养真正融入学生生活,这是成都七中初中学校的老师们在课例研究中形成的共识。

## 二、以"输出"盘活"输入",提高活化课本知识的能力

为了提高学生活化课本知识的能力,七中初中学校的老师们采用了以"输出"盘活"输入"的策略,引导学生创造性地运用和表达自己的学习成果,在表达学习成

果的过程中,进一步提高学生理解与活化课本知识的能力。

**(一)规范性课例研究:优化"输出式"教学策略,提高活化课本知识的能力**

"输出式"教学策略,是以学生的成果展示为主导方向的教学策略,学生要运用课本知识创造自己的成果,必须具有活化课本知识的能力。语文组在这一方面进行了规范性的课例研究,他们以七年级第三单元写景散文教学为背景,运用"输出式"教学策略,围绕"读写结合中培养学生想象力"这一主题,进行了三次探索。

第一次试教时,老师们把整个教学过程分为了六个环节:

第一环节:"记住一点常识",主要通过对第三单元描写四季的散文的文体和作者常识的回顾,导入课堂;

第二环节:"识记一批雅词",师生共同温习第三单元课文中作者描摹自然景物、表达情感的精美词语,并通过读写结合的方式让学生感受语言的形象生动和耐人寻味,体会用美词、雅词创作出让读者产生联想与想象的句子的喜悦;

第三环节:"品味一组奇字",通过揣摩三单元用得好、用得精美、用得精辟的奇字,让师生体验"推敲"和"炼字"的妙处,感受用精炼语言勾画出醒目画面、生成深远意境、激发丰富想象的快乐;

第四环节:"摘录一些美句",让学生用老师给出的 8 个摘录角度,摘录描写自然景物的美句,分享摘录美句的惊喜和收获,提升学生应用语言创造富有想象的美句的能力;

第五环节:"重温一个精段",通过温习《济南的冬天》"最妙的是下一点小雪呀……",师生从"结构之美"、"顺序之美"、"动词之美"、"修辞之美"、"色彩之美"、"动静之美"、"虚实之美"、"想象之美"、"情感之美"等角度,展开想象翅膀,再现美景。在此基础上让学生学会"结构"、"顺序"、"炼词"、"修辞"、"色彩"、"动静结合"、"虚实结合"等运用语言创作美文的技巧;

第六环节:"学习一种妙思",在第五环节的基础上,明确美句成段的常用技法,如:讲究结构、注意顺序、运用雅词、加入修辞、突出动静、虚实结合等,并要求学生在规定时间内,以"最妙的是……"为开头,以校园美景为描写点创作。

试教后发现了如下问题：课堂环节贪多求全；目标聚焦度不够；学生调动与发展不够，以"输出"带动"输入"的成效不明显。在第二次试教时，老师们调整了课堂目标，精简了课堂环节，突出了"输出"过程中"想象力"的发展指导。以下是实录片段：

　　师：哦，是有顺序的，来，说说。

　　生：看这句：等到快日落的时候，微黄的阳光斜射在山腰上，那点薄雪好像突然害了羞，微微露出点粉色。

　　师：是怎么看出来有顺序的呢？

　　生：它先写山上，后写山尖，然后是山坡，最后是山腰，这是从上到下的在写。

　　师：哦！这是一种自上而下的空间顺序。我们再请同学来说说。

　　生：还有动态美。

　　师：在动态美的背后，作者对这些景物的印象如何？

　　生：喜爱。

　　师：非常喜爱。融入了一份情感，只有融入这份情感，才能够创造出这样一个美景！

　　生：其实在顺序上不仅有从上到下，还有从小到大。我们来看，它先描写的是小雪，树尖上的小雪，然后再来描写山，最后写出了整个济南的样子！

　　师：哦，有阳光，有山，有松，有雪，这些景物是整体的，所以我们要讲究一些技法，讲究一些顺序，把它呈现出来。层层叠叠，富有美感，是不是这个意思？

　　生：我觉得这段话它就是围绕第一句来写的。就是"最妙的是下点小雪呀"！他的第一句也是描写雪，所以才写了日本看护妇，因为它头上有一髻儿白花，还有就是一件带水纹的花衣，也是因为有些地方有雪，有些地方有草色。"那些薄雪好像忽然害了羞"，也是描写雪的，所以这一段都是描写雪，围绕一个中心来写。

由于在"输出"指导上下足了功夫，学生利用已学过的课文知识，开始了自己的

"想象"创作,课前测试和课后相比,不少同学有了较大飞跃:如在"弯月、雪花、秋天的银杏叶、露珠"中,任选一个词语在3分钟内写出三种以上你的联想的题目。L同学在前测中这样写道:

> 夜晚还未降临,可那一轮弯月却早早地挂上了天空,繁星如金沙般,洒落在天空中任何一个角落。慢慢地,夜幕完全笼罩了大地。

在上完本节课后,L同学写出了这样的段落:

> 秋天的银杏叶是金黄的,如火花,如黄金,在那秋风吹拂下,又好似一只只在空中翩翩起舞的蝴蝶,可惜的是,秋天已至,冬日将临,这一幅如诗如画的美景,将变成一枝枝毫无生气,光秃秃的树干。想起那一幅死寂的场景,谁又不会为这可怜的生命感到怜惜呢?

L同学从时空、形状、动静、色彩、虚实等5个方面想象、描写,画面丰富,语言优美,共用字116个,活化了课本知识,在想象和语言运用方面都上了一个可喜的高度。除L同学外,其他同学也收获了不同程度的精彩,如:

> 师:下面,请同学们运用我们刚刚学到的这些技法写一写,把同学们刚刚写出的3—5个美句放到你想象的情境当中去,构成一个美妙的情景交融的段落。
>
> ……
>
> 生:家乡的清晨与夜晚是截然不同的,清晨从四面八方吹来一些清风,和炊烟共舞,并把它带到远方,在池塘边开满了亮丽的花草,天上飞过几只云雀,留下几声长鸣。到了夜晚,天空中的弯月好似一位慈祥的母亲,领着星辰发出淡淡的幽静的光,把树影拉得长长的,映在水面上,别有一番情趣。
>
> 师:从早到晚的美景都呈现了。很好!
>
> 生:听别人说蜀南竹海无比美丽,但都不知那是一种怎样的美丽。如今去了才知道:早上,清风拂动着竹林发出悦耳的交响乐;中午,树阴为人们遮住那毒辣的太阳;下午,池塘的小船上不时发出愉快的嬉戏声,再加上花草送

来独特的香味,别有一份清新和雅致;晚上,蓝色的大幕上映着一轮弯月,灿烂的星辰点缀了天空,果然,那是一片碧海,美得无与伦比。

师:你自己点评一下刚才写作时的感受!你当时怎么想的,是怎么用语言写出来的?

生:我是从几个方面来写的。按照词语顺序,首先描写清风,再描写树影,再描写池塘、花草,最后描写夜晚,是以时间顺序来写的。

师:这种顺序让我们感受到了蜀南竹海的碧波!

生:清澈的池塘像一块空灵的蓝水晶,调皮的云雀把自己娇小的身影映上去。淡淡白云笼罩着池塘边的杨柳,杨柳随风舞动着,像一位优雅的舞女,在清风的吹动下,用柳絮把我们带回唐朝柳絮飞的美景。

师:不错,我们请沈洁豪来点评一下,阿乌刚刚写的这个美段。

生:他用了拟人的手法,把云雀人格化。云雀是调皮的,把自己的影子倒映在水面上,生动形象地写出了云雀当时的形态,还有阿乌看到美景的心情。

师:哎,那你觉得阿乌对这个景色是一种什么情感呢?

生:非常开心。

师:开心,喜欢!

生:我是在刚才造句的基础上写的段落。夜晚的乡村是祥和而宁静的,太阳刚落,夜幕便掩盖了天空,远山上慢慢地生出了一点亮色,月亮出来了,如同山上的一块白玉,抖抖它那轻柔的纱,缕缕光路就轻轻地落在山峰中,月亮渐高了,池塘如一面镜子,反衬出月亮的光辉,清风拂面,杨柳才将她的秀发点在水面上,点出点点涟漪,乡村的夜晚就是这样祥和宁静。

师:我感受到了这里慢慢的动感,那种画面感,真美。

生:春来冬去,大雁飞过蓝天,白云时常会把他们藏起来,地面上,池塘边的花草,生机勃勃,摇摆着自己的身躯,清风拂过,杨柳随风摆动。夜晚,朦胧的月光中透出皎洁的弯月。

师:进步很大啊,表扬。

生:秋叶于天空上闪烁着,如一条清冽而宁静的河,在皎洁的月光下,星与月掩映在池塘银镜般平静的水面上,风一拂过,站在池边的枫树,火红的枫树、火红的枫叶在生命的最后一段旅程上跳起一支壮丽的舞,飘落在平静的水面上,荡起一阵阵涟漪。

师:哦,写得很美,那种动感,层层涟漪。

生:黑夜慢慢降临,弯月缓缓升起,有了树影陪伴着游子在外寂寞的身影,只等白天的到来,白云与太阳再次冉冉升起,清风拂动着,游子看到炊烟下的孩童与父母嬉戏,站在山峦上,枫叶翩翩起舞,大雁飞回到自己思念已久的家乡,游子何时能回归自己思念的家乡呢?

师:很好,让老师想起了我们才学过的一首诗歌,枯藤……

师生(有感情地):枯藤老树昏鸦,小桥流水人家,古道西风瘦马。夕阳西下,断肠人在天涯……

但是,本次课还存在目标不够集中,"输出"与"输入"的结合式指导不够等问题,于是教师调整后进行了第三次试教,这次试教将教学环节调整为"美句美读——感受想象"、"美句寻踪——解读想象""运用想象——美句成段"三个环节。"美句美读——感受想象"是明确想象,解决"何为富有想象力的语言,想象是什么"的问题;"美句寻踪——解读想象"是想象的展开,解决"如何把想象变得丰富"的问题;"运用想象——美句成段"是对想象的运用,是本堂课成败的"试金石",从课本中学到的知识,通过运用,让知识"活"了起来。在这次课上,教师将第三单元学生必须掌握的文学常识以教师导语形式呈现,并引入本课教学主题。以美句美读的方式品味课文中富有想象力的美句,用声音吸引和感染学生,使学生领略其语言美,品味描绘的意境,激发学生探究、品味富有想象力的美句的兴趣。

师:好。停,只读第一句。同学们刚才的朗读还不够好。因为没有展现出那种画面。咱们先来分析一下,作者将粉色的桃花,粉色的杏花,白色的梨花想象成什么啦?

生:想象成了桃儿、杏儿、梨儿。

师:他们为什么这样想呢?

生:因为他们的颜色很像。

师:哪点最能感觉到他们的颜色呢?

生：红的像火，粉的像霞，白的像雪。

师：哦，原来是他们的颜色让他们感受到了相似。好！请坐。那"花里带着甜味儿"，让我们感受到了什么？想到了桃儿、杏儿、梨儿。他们之间有什么关联？

生：开花之后就会结出桃儿、杏儿、梨儿。

师：哦，是花的甜味想到了果子。是时间上的相关，面对这满树的花，作者经过想象后，你感觉这个句子怎么样啊？

生：很美。

师：美在哪儿呀？

师生就在这样的阅读和对话中，发出了"哦，这就是想象"的感慨。想象是在语言的调节和调动下进行的，语言始终在指导和改进着形象形成的过程。有了丰富的表象，还必须借助于语言对表象进行分解和综合，加工改造成新形象。"美句寻踪"部分是对感受富有想象力的美文的巩固和升华，是对美文美句生成过程的解读，其切入点注重语言的熏陶。在教学过程中，教师努力创设一种学生主动品味语言、体会遣词造句之美的氛围。通过美读，师生共同揭示富有想象力的美文生成的秘密，一起寻找"开启想象之门的钥匙"。

这部分是本课的关键点，如果学生对想象理解不到位，在想象上展不开，后面的遣词造句就会很困难。第一、二次课，由于过分强调环节的完整和片断的数量，材料与想象的相关性弱化，学生主动性不足，整个课堂是教师在拖动，创生性缺失。总结前两次课的得失后，第三次课从最接近学生赏美实际的材料入手，通过读写结合方式，优化了活化课本知识的过程，实现了课例研究目标。如：

生1：我把山峦比作碧波荡漾的大海。从视觉上来看，它很像波浪起伏的样子，给我一种心旷神怡的感觉。

生2：花草好似中间夹杂着花纹的绿色地毯，踩上去很柔软。我运用了视觉和触觉，还借助比喻修辞。

生3：清风轻轻地抚摸着孩童的脸，像母亲的手一样，孩童们甜蜜地笑着，像一朵朵盛开的花。我用了触觉和视觉。

生4：明亮的月夜中，月亮好像一位母亲带着她的孩子——星辰，在蓝色的天空上嬉戏。

……

三次课在"美句成段——表达想象部分"的设计基本相同，但在探究美句成段技法和运用技法让美句成段的环节，第三次课更为有效，写出来的句子条理更清楚，语言更优美、生动、流畅，更富想象力。如：

生1：最妙的是校园的那个小山丘，它像一个爱美的孩子一样。春天，她穿上了一件嫩绿的衬衫；夏天到了，她又换上了深绿的裙子；秋天，她又偏爱起金黄的毛衣；冬天，她迫不及待地戴上雪白的帽子和围巾，无论是怎样的颜色，我们都同样地喜欢着他们。

生2：天空上，白云如魔法师，时不时变换着形态，逗着地面上的孩子。海面上，一望无际的大海像一块巨大的蓝水晶，镶嵌于天空之中，形成一幅巨大的水墨画。地面上，微风吹过，杨柳如少女般的秀发随风飘动，天上、海面、地上，形成了一幅优美的图画。

生3：秋天，这个金秋飘香的季节，满地的银杏叶为这秋天增添了一抹色彩。它们高高地挂在树梢等待着生命的终结。风儿一吹，它们闭了眼，如一个芭蕾舞者旋转着，最后轻盈地落在地上，完成了生命中最后一支舞蹈。大地犹如母亲的胸怀，轻轻地说："孩子们，睡吧！"

通过三次试教，语文组的老师们提炼出了活化课本知识的如下策略。

## 1. 在读写结合中给学生想象的方向，为活化课本知识引路

听、说、读、写是老师们从没忘记的语文学习基本能力，这些都与本课目标"想象力"密切相关。教材选用的课文，是前人创作出来的优秀作品，其创作过程包含着作者的情感与想象力，如本次课例研修中七年级第三单元，就是文质兼优的写景美文。在课文的阅读时，教师要引导学生借助再造想象，再现作品描绘的情景，理解作品内容；学生习作时，展开想象可使思路开阔、内容具体丰富、语言生动形象，

有时还能标新立异、有所独创。初中生思维活跃，富于幻想，处于发展想象力的最佳时期。因此，要培养学生的想象力，应在课文教学的读写结合中找准活化课本知识的训练点，才能有效提高活化课本知识的效益。

**2. 在读写结合中给学生想象的支点，寻找活化课本知识的桥梁**

学生想象力差的原因之一，是不知道怎样去想，这就需要教师诱发和引导。根据想象的新颖性、独特性、创造性和形成方式的不同，可把想象分为再造想象和创造想象两种形式。再造想象是依照词语描述或图表描述，在头脑中产生新形象的过程，相似联想和对比联想就属于此类；创造想象是根据一定目的和任务独立创造新形象的过程。引导学生展开想象时，应根据想象的不同特点采用不同策略。

人教版七年级上册第三单元都是文质兼美的文章，不管是朱自清的《春》，还是老舍笔下"温晴"的《济南的冬天》，抑或是《风雨》，都能引领我们感受四季的美。本次课例，教师引导学生根据生动形象的文字，放飞想象的翅膀，唤起头脑中与词语相关联的表象，并按照作者的描述进行表象组合，以产生丰富的想象和深刻的体验。

学习课文的优美语言只是利用教材的粗浅形式，通过作家的优美文笔，以读写结合的方式，为学生培养想象力提供了无限的可能，让固定的课本内容转化成可以活学活用的内容，从而提高了学生的知识素养。

**(二) 从规范到常态：活化课本知识的常态课运用与发展**

书本知识总给人一种刻板、乏味的感觉，语文学科的学习却需要以教材上的一篇篇课文为依据，从中获到活化课本知识。通过课例研究，我们试着找寻能够活用教材的方式，让学生以课文为例，不仅学习了文质兼美的作品，同时也能为自己的思维发展服务，为学生的知识素养提升保驾护航。实现用教材教而非平庸地教教材，这是对老师的极大挑战，也是我们将用活教材作为课例研究常态化的目的所在。

语文学习，老师们拒绝停留在只为了几个偶尔出错的所谓重点字词，让学生反复机械性地抄写练习，也不愿意为了让学生赢得高分而反复背诵所谓的例文佳句，与其让学生追求短暂的分数，不如看到更多学生学习能力的发展，看到他们知识素养，乃至核心素养的不断提升。费苛夫指出："教会学生思考，对学生来说，是一生最有价值的本钱。"基于此，我们尝试把学生的思维调动起来，激发学生思维的主动性和热情，希望借助教材这个优秀范例，让学生把学习到的语文知识灵活运用起来，让课文中的美言佳句成为学生展开想象的起点，成为他们灵活运用课堂知识的开始。

以下是语文组老师在日常教学中创新式地活用教材，读写结合、读思结合、读用结合的一些探索实践。

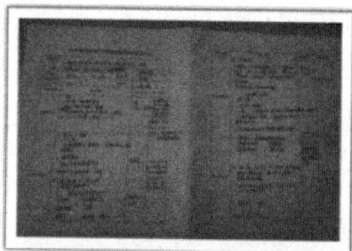

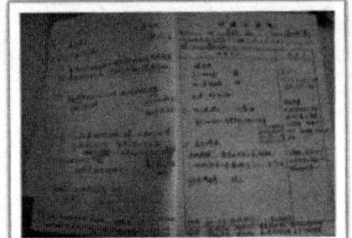

## 案例一 《天净沙·秋思》——以读导写，个性表达

语文课堂应该是在对话般的交流中静静地流淌出思想，自然而然地生发出创意。课例研究的目的就是将成果运用于日常课堂，并逐步反思与改进教师日常课堂的价值取向和教学行为。王老师的翻转研究课《天净沙·秋思》，正是利用教材，将读写结合用于启发学生智慧的有益实践。下面是课堂实录片段：

师：在论坛中，老师发现同学们都对这首作品的最后一句话进行了品评，都对思乡这种情感进行了自己的分析。但老师还发现，我们班有几位同学对这首作品的情感除了思乡以外，还有第二种理解。这里老师要提示大家看一看标题中"秋思"的"思",这个字的意思是"思念"吗？结合课下注释告诉老师。

生：不是，是思绪。

师：很好，这个字不仅指的是思念，它在古代汉语字典中的意思是"思绪，心情"。思的古音读四声，现在现代汉语统一读一声。老师发现有同学对这首作品的情感，马致远表达的心情，有了第二种理解。

生：首先我读出诗人一叶孤舟的情感，是从"古道西风瘦马"的"瘦"字读出来的。这个"瘦"是一个形容词，形容马的，但是马致远在这漫漫旅途中孤身一人，马都如此消瘦，前面又是一路的荒景，后面再加一个形容词"瘦"，不仅仅是马的瘦，还有自己的无助，生活的困苦。"一叶孤舟"这个成语的意思是漂泊在外势单力薄的人，并且我结合昨天老师给出的背景介绍，马致远在这一生中有20多年都过着漂泊无依远离家乡的生活，所以这个瘦字我读出了漂泊的艰辛。

师：很好，马之瘦，人之困苦自显。她用了一个成语，并且结合昨天微视频中老师介绍的背景资料，一个"瘦"字，漂泊的艰辛。还有补充吗？

生："一叶孤舟"这个成语，本意是指，一个小小的船在大海上漂泊。这首诗第三句话，我看到语文书84页马致远骑着瘦马在古道上行走，我联想到一马独行的感觉，一个人骑着瘦弱的马，在荒凉的古道上行走，可以用"一叶孤舟"这个成语来形容，而且前三句，也是一个照应。

生：从"瘦"字我感觉他在比喻他自己，一个"瘦"字表现出作者历经沧桑，"断肠人"指的是浪迹天涯的人，"夕阳"意寓回归，更能体现思念家乡的感情。

生：我认为这首作品还有第三种情感，就是诗人感慨他没有实现他的远大抱负。

师：诗人为他没有实现自己的远大抱负而悲伤。非常好，你对这首作品的情感注入了第三种理解。老师非常高兴的是，昨天在论坛中看到了几位同学赏读这首作品的情感，并且有了第三种理解。我想请昨天分析出这种情感的同学来给大家讲一讲，你是如何品评出的。其他同学可以补充，也可以向这几位同学发问。

生：这个"老树"的"老"字，我觉得是在比喻他自己，已经非常年老，写出了自己这一生都没有实现自己抱负的感慨。还有"断肠人",指的是非常悲伤的人,他不一定只是指思乡的悲伤,还有可能指不能实现抱负的悲伤。

师:"老"字写出自己年老的悲苦,"断肠人"因为思乡而悲苦,更因为这一生都没有实现自己的理想而心痛。昨天还有一位同学在论坛中也提到这一点,他说这是一种人生失意之情。请这位同学给大家讲解。

生:我是从插图里面看出来的,这幅图上面,马走路是踉踉跄跄的,让我也感觉出这个诗人一路踉踉跄跄地走过来,却什么也没有得到,自己那么久漂泊在外,却没有实现自己的理想,一生碌碌无为。

师:非常好,老师的微视频在给大家简介作品的创作背景和诗人简介的时候,老师提到过马致远是一个非常有才华的人,被称为"曲状元",有才,但是一生都没有实现自己的理想,在中晚年漂泊途中,他写下了这首作品。刚才两位同学在品评情感的时候,借鉴了一些背景资料来帮助他们理解,这一点非常好。

师:不知道同学们满不满意他们的解读,既有思乡,也有对自己不能实现伟大抱负的一种感慨。其实对这首作品情感的解读,不止这三种。有学者认为,这可能不仅仅代表马致远一人,这可能是代表所有天涯羁旅人的感慨。还有人认为,这是一首闺怨诗,有可能是站在家中妻室的角度,写的家中妻子思念在远方漂泊的断肠人的作品。正是这种多元的解读,才为这些文学作品注入了源源不断的生命力啊。从古至今,以"秋思"为题材的文学作品不胜枚举,可这短短28个字,最短的一首作品,却被誉为"秋思之祖",也就是说秋思题材中这是写得最好的一篇,周德清说它是一首万中无一之作。王国维说,这首作品"纯属天籁"。它除了情感丰富之外,还有哪些原因让他成为"秋思之祖"呢?

(板书:秋思之祖)

......

师:秋天,总受到历代文人的青睐,秋天的一花一草一木一景总是能引发人无限的遐思。秋天,他住在古老的远方,也可以住在你们的笔下。今天老师让大家完成一个现场写作秋天的片段,但老师的要求是,其中至少有一句运用了作品所呈现的名词叠加组合的形式。我们学习古代诗文感受到了它的文学

之美,如果能在你的现代文写作中,加入一两句这样的描绘,会让你的语言充满音韵美,文学底蕴美。师出示例文:

(全班开始创作)

生1:秋风瑟瑟,薄雾笼罩着无言向东流去的江水,四周是那么静,那么静,一层寒霜覆盖在那河边的矮花之上,我独自一人,在江头垂钓,看着那无尽的江水,冷雨寒霜,孤山老翁……

生2:寒冷刺骨的风将那所剩无几的叶片也吹落了,太阳缓缓消失在了地平线上,一轮月亮将那银色的月光洒在大地上,月亮也有气无力地挂在枝头,忽然,雨从天上打了下来,那样冷,在与寒风作伴吗。在夏日,那朵仅存的花也被无情的秋打落,不一会儿,大地起了一层薄霜。寒风枯枝月,冻雨落红霜……

思维在冲突,观点在碰撞,学生们的见解形成了活化课本知识的小高潮,每个人都被吸引,被打动,都在深入思考。在老师的指导与帮助下,他们深入文本,联系历史和现实,将所学的知识融合,融入自己的练笔创造,提高了活化课本知识的能力。

### 案例二 七年级下册第五单元整体阅读课——整合教材,以写促读

叶圣陶先生说过,教材无非是个例子。如何利用这个例子来更好地达到活化

知识的效果,则需要语文老师的智慧了。七年级语文组的李老师,将七年级下册第五单元的几篇文章尝试进行了单元整合处理。力图通过整合的单元教学形式,让学生活学教材,活用知识。下面是《伟大的悲剧》(第21、22、24课)的教学片段:

细读课文,摘抄品读,感受"悲剧"

1. 悲情的景物描写:

天气变得愈来愈恶劣,寒季比平常来得更早。他们鞋底下的白雪由软变硬,结成厚厚的冰凌,踩上去就像踩在三角钉上一样,每走一步都要粘住鞋,刺骨的寒冷吞噬着他们已经疲惫不堪的躯体。

沙漠就像大理石那么光滑。在白天它不会为你提供一点阴凉,晚上只会让你在寒风中没有一点遮蔽。没有一棵树,一道篱笆,一块石头可以容我藏身。寒风就像平原上的骑兵向我直冲过来,我只好团团转以躲避它的来犯。

……

(师生品读)

2. 悲情的心理描写:

在世界面前为另一个人完成的业绩作证,而这一事业正是他自己所热烈追求的。

我奋斗过,但我失败了。

……

(师生品读)

3. 你认为最悲情的细节:

奥茨突然站起身来,对朋友们说:"我要到外边去走走,可能要多待一些时候。"其余的人不禁战栗起来。谁都知道,在这种天气下到外面去走一圈意味着什么。但是谁也不敢说一句阻拦他的话,也没有一个人敢伸出手去向他握别。

3月29日,他们知道再也不会有任何奇迹能拯救他们了,于是决定不再迈步向厄运走去,而是骄傲地在帐篷里等待死神的来临,不管还要忍受怎样的痛苦。他们爬进各自的睡袋,却始终没有向世界哀叹过一声自己最后遭遇到的种种苦难。

......

　　我们还记得被朋友们称为 J. R. 的朱蒂丝·莱恩尼科,她总是对人们微笑着,总是迫不及待地想对人民有所贡献。在工作之余,她喜欢在钢琴上弹奏几曲,从中获得美的享受。

　　我们也不会忘记孩提时总爱光着脚板在咖啡地和夏威夷的麦卡达美亚墓地跑来跑去的埃里森·奥尼佐卡,他早就梦想有一天去月球旅行。他告诉人们,多亏成为一名飞行员,他才能够建树他的生涯中那些令人难忘的业绩。

......

（师生品读）

　　李老师的这一堂单元整合课,是一次整合教材、活用教材、创新发掘教材教学价值的有益尝试。再配合 Keynote 和 Quip 两个教学软件的及时投射功能,让其他观课老师可以关注到每一个小组成员的学习过程、创作过程。这样一堂既借助于现代信息技术的支持,又创新整合传统教材的语文课,真正体现了语文课的读写结合训练特点,实现了以语言学用和思维训练的语文教学目标。

### 案例三　《心中的竹》——读写结合,陶铸心灵

　　针对学生的实际情况,最大程度地发掘教材所承载的教学价值,不仅仅是为求新,更是求变、求实。丰子恺先生的《竹影》是人教版七年级下册的一篇散文。语文组的唐老师在完成本文教学后,看到学生对"竹"的文化内涵兴趣盎然,于是设计了这样一堂关于"竹"的读写拓展课。下面是教学片断:

● 忆竹——回忆《竹影》

回忆刚学过的课文:齐读《竹影》中片段,Keynote 显示。

● 品竹——品读《淡竹》

1. 课前,《淡竹》一文已发班级网络论坛,学生跟帖,一句话评价感言。

2. 课上,一句话感言分享:上论坛,谈感受。

3. 小组活动:打开邮件,再读《淡竹》,完成并小组内交流思维导图。

要点:介绍自己的导图;概括评价本小组思路图的共同点和不同点以及

自己受到的启发。

4. 班级交流：平板电脑投影展示小组所有成员导图，小组代表概括介绍本小组的思维导图特点

5. 品读一些语言：

示例：那一节节空里，是永远的盈满。

他们懂得，浓墨重彩是一辈子，云淡风轻也是一辈子。奴颜婢膝是一辈子，坦荡潇洒也是一辈子。

● 咏竹——以"心竹"为题，自创小诗（或小组接力写诗）

1. 以"心竹"为题，自创小诗。

2. 推荐欣赏。

3. 小组互评。

本课始于对课文的生发，重在课外"类文品读"的思维训练和自我创作的个性表达，最后实现文本的回归和深化，也是帮助学生加深对"竹"和传统艺术的理解。

课文确实就是一个好例子，是语言学用的好例子，是信息处理的好例子，是丰富文化的好例子，是熏染情感、陶铸思想的好例子。只要教者有心，教材的任何一个片段，任意一处角落都可以挖掘和生发出充满知识趣味、文化意味和人文情怀的教学点。为了活用课本知识，语文教研组还总结了活用课本知识的教学经验。

**1. 用活教材，打造具有知识素养提升能力的课堂**

首先，语文组抓好了品读这一环节，认为品读是活用教材的基础。他们引导学生在读中品、读中思、读中辩、读中悟。阅读的主要内容是《自读课本》和《群文阅

读》。另外,还根据课本进行同作家类文阅读,比如季羡林的散文,比如托尔斯泰的相关文章,还有余秋雨等。阅读课采取的形式主要是阅读前置课堂分享、当堂阅读集中探讨和课后拓展相结合,以内容理解、句段分析、阅读感悟和词句积累为主。

其次是把对话作为活用教材的手段。他们在教学的各个环节巧妙预设,在与学生的自然对话中,将文本知识转化成学生能够习得的知识素养。为此,语文组的老师们着力提高了细读与概括能力、点评与点拨能力、追问与应变能力等。如李老师在引导学生学习讲现代文阅读课《邓稼先》时,文中评价邓稼先的句子非常多而具体内容并不太丰富,有学生突然提出,杨振宁与邓稼先到底熟不熟悉的问题。李老师抓住这一点让学生在文中找根据,从现实状况和写法上分析,展开讨论,最终解决了这个问题。这些阅读教材中遇到的问题,也正是学生迁移所学知识,活用所学内容的重要机会。

第三是把技术作为活用教材的支撑。语文组的老师们,通过分享电子资源,增加了学生的知识宽度和深度,信息量更大,让学生真正享受到了大数据时代背景下的学习。通过提供互动平台和互动论坛,教师能够及时检测与反馈,并通过网络即时交流讨论。通过运用功能强大的先进软件,强化了学生的自主学习能力,让学生能够更出色更有趣味地学习。

### 2. 用活课型,在不同课型中提高活用课本知识的能力

语文组的老师们根据不同课型的不同要求,在常态课例研究中分别总结出了不同课型活用课本知识的方法,在不同课型的不同教学策略中,提高了学生活用课本知识的能力。

一是在诗歌鉴赏课型中提高学生活用课本知识的能力。基于翻转教学背景下的诗歌鉴赏课型,教师能够在课前通过微视频学习,将知识背景、基础要求等推送给学生,让学生通过课前自主学习能解决基本问题,并在班级学习论坛上提出问题,质疑问难并跟帖,各抒己见。老师在备课时也会根据论坛上学生的疑难确定教学内容和设计方案,这样才能真正提高教学的针对性。于是,课堂就不再是以前那种按照老师自以为是的思路从头到尾的讲解了,课堂模式演化成了以学生问题为主的解决疑难、互动交流的过程,学生通过读、品、析、赏、写等多种途径和方式揣摩

意象,体味情感,感悟诗歌之美,并且还将再通过课后拓展阅读、动笔创意表达实现读写结合的教学价值。《天净沙·秋思》就是这样一堂有较强代表性的诗歌鉴赏课,课型基本结构如图 7 示。

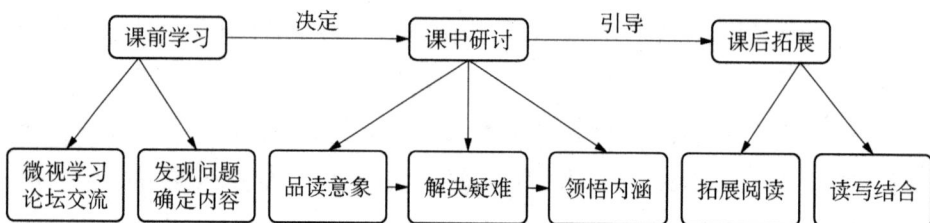

**图 7 "诗歌鉴赏课型"流程图**

二是在单元整合课型中提高学生活用课本知识的能力。语文组的老师们提前一周左右,通过阅读任务前置,让学生利用课外时间阅读相关课文,以初步感知各篇文章的主体内容;在课堂上,由老师引导学生整体把握内容,通过研析把握关键字词,通过重点品读细节深度归纳主题;最后,运用读写结合的方式拓展迁移,引领学生进一步深化思考。上文所谈的《伟大的悲剧》的教学,就是具有较强代表性的单元整合课,课型的基本结构如图 8 示。

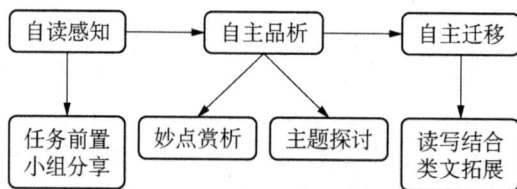

**图 8 "阅读分享课型"流程图**

三是在阅读分享课型中提高活用课本知识的能力。语文组的老师们认为,阅读分享,要注重材料的选择,要有明确的选文主题。围绕主题的材料选择,可以是课内文本,也可以是课外材料,还可以是课内外结合。选材角度力求丰富多元,因为一个人行走和阅读的范围,就是他的世界。课型基本环节分为课前海量阅读,分组鉴赏准备;课中美文美读,品读展示交流;提炼心中感悟,抒写个人情怀;课后链接生活,体会诗意人生。根据实际情况,在施教过程中可进行适当的调整和完善。前文中提及的《心中的竹》的教学,就是这样一堂有较强代表性的阅读分享拓展课,课型基本结构如图9示:

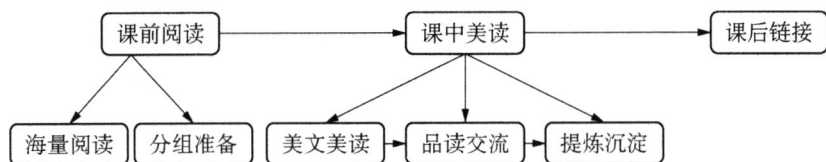

```
                ┌──────────┐          ┌──────────┐          ┌──────────┐
                │ 课前阅读  │ ───────→ │ 课中美读  │ ───────→ │ 课后链接  │
                └──────────┘          └──────────┘          └──────────┘
                  ↙      ↘           ↙       ↓      ↘
        ┌────────┐ ┌────────┐ ┌────────┐ ┌────────┐ ┌────────┐
        │ 海量阅读 │ │ 分组准备 │ │ 美文美读 │ │ 品读交流 │ │ 提炼沉淀 │
        └────────┘ └────────┘ └────────┘ └────────┘ └────────┘
```

**图9 "阅读分享课型"流程图**

语文组以"用活教材"为理念,以"读写结合"为思路,针对不同的教学内容和要求,有针对性地设置不同的课型,在不同课型中提高了学生活化课本知识的能力。

### 三、营造鲜活情境,在情境的深度运用中提高活化知识的能力

情境的深度运用,是指充分发掘情境隐含的知识与问题要素,利用情境感知、理解和运用知识,或为知识配置新的情境,实现情境与知识的互动创生。在利用和创生情境的过程中,学生理解知识的程度不断加深,灵活运用知识的能力不断提高,活化知识的能力不断向前发展,只有具备这种状态的情境运用,才进入了情境深度运用的阶段。要把知识变为素养,必须把知识放入一定的情境中,学生走进情境的过程,就是不断感知、发现、理解和运用知识的过程,只有这样的过程,才能引导学生把静态的知识变得鲜活起来,才能在活化知识的过程中发展自己的核心素养。但是,情境的深度运用还面临着许多难题,数学组、历史组等教研组的老师们针对这些难题,进行了持续性的规范性课例研究和常态课例研究,并实现了从规范到常态的课例研究转型。

#### (一)阶梯式课例研究:在不断提高深度运用情境的程度中活化知识

阶梯式课例研究,是把研究内容划分为阶段或阶梯,在不同阶段或阶梯突破不

同难点,形成常态课堂的改革方案,最后实现课堂改革的理想目标。创设情境、运用情境、有技术含量地深度运用情境,是在课堂情境中提高活化知识能力的几个阶梯,只有一个阶梯一个阶梯地递升,才能在情境深度运用的过程中有效活化知识。历史组的老师们寓教于"情"于"境",使历史"重现",由此激发学习兴趣,增强历史体验,促进积极思维,引发联想与表达,在阶梯式的课例研究中提高了教师深度运用课堂情境的能力,在深度运用课堂情境的过程中提高了活化知识的水平。

**第一个阶梯:探究"不同课型应如何创设情境,如何选用和整合多元情境,如何取舍课程资源优化情境,促进知识的有效活化"等策略。**

历史组以九年级上册第17课《工业革命》为内容,进行了规范性课例研究。教师在处理本课时需要面对两大难题:一是如何调动学生的学习兴趣;二是如何取舍和整合课程资源。为了解决这两个难题,何老师上了三次课,全组老师进行了若干次研讨。

第一次试教时,何老师"以瓦特其人、其事为线索,创设能够激发起学生学习兴趣、增强学生历史体验、促进学生积极思维、引起学生联想与表达、获得新知、实现情感升华的情境"为思路,将情境聚焦在两个方面:一是学习重点"认识工业革命的影响"环节,以"读读英国企业家的一本日记"为情境,引导学生走进工业革命的那段历史,感悟工业革命带给人们生活的变化和影响;二是"瓦特其人、其事"环节,以"威斯敏斯特大教堂"为切入点,导入新课,引导学生由近及远,走进瓦特改良蒸汽机的时代,认识瓦特改良蒸汽机带来的巨大冲击。以下是"工业革命的影响"教学环节的片段:

> 师:我这里有一本英国工业革命时期一位工场主留下的日记,记录了这一次产业革命给他以及他的家族带来的变化。现在就让我们一起跟随他的日记,去感受英国工业革命给他和他的家族带来了什么变化。
>
> 先看第一则日记。注意看时间,这是工业革命开始的那个阶段。"1763年12月18日,天气阴,最近收到几个客户的加急信:'赶紧给我送货,有多少送多少,好的次的都要……'"继续往下看,他要想办法干什么?进棉纱,织出更多的布匹来。我们可以确定这是一个棉纺织业的资本家工场主。

继续往下读。1766年,过了三年了,再看他的日记:"早前为了提高织布效率,我的父亲早就将凯伊制作的飞梭改装在织布机上,工人们织布的速度提高不少,但问题是织布效率上去了,这纺纱又跟不上了。棉纱没有,这布也没法织啊,还好有个聪明人居然发明了效率更高的纺纱机,解决了我的大问题啊。科技的力量太伟大了!"你们觉得这个,是谁呀?

生(齐答):哈格里夫斯。

师:哈格里夫斯。再往下读,1766年12月10日。"这年冬天,纺纱速度一起来呀,这段时间小赚了一笔。真希望一直都是这样的好运气,但是眼看枯水期就要到了。工场又要面临停产,忧心呐。"为什么?

(部分学生小声回答:水力……)

师:水力。怎么办呢? 我们再看看他的日记。这个难题会解决吗?

生(齐答):会。

师:会被谁解决,你们预测一下。

生(齐答):瓦特。

师:瓦特。我们看一下日记:瓦特真是太聪明了,瓦特太棒了。瓦特给他们家带来了……(教师用手势引导学生回答)

生:越来越多的利润。

师:好。继续往下读。1805年,"我们家的工场规模越来越大,听到工场里轰隆隆的机器声,看着工人们一片忙碌的景象,和那堆满了仓库的产品,心情真是好极了。但忍不住又有隐忧:这么多的货物怎样才能快速运到市场上去呢?"咱们今天是站在历史发展的尽头去看这段历史,大家说说,可以解决吗?

生(齐答):可以。

师:因为,瓦特的蒸汽机又用在了——

生(齐答):工场。

师:对,我们再看。1820年,"我真幸运,我们家的生意已经发展到国外了。现在的生活比父亲那个时代精彩极了,我真想再活100年。看看因为科技发展而更美好的社会。"这本日记看完了,问题也来了:新技术的运用,给这个人,给当时的英国带来了什么新面貌? 同学们四人一组,讨论2分钟。

为了帮助学生梳理工业革命时期各项发明的作用,理解工业革命对人类社会的深远影响,何老师运用工场主日记,为学生呈现了一组形象生动的历史情境,学生在新颖而真实的体验中感悟到了工业革命的巨大推动力。

在课堂评议中,不少老师认为,何老师虽然主要运用图片、日记两个情境突破重点,但却选用了现实生活情境、历史图片情境、历史故事情境、文字情境(日记)等四类情境方式。从教学效果看,邱老师认为:情境位置恰当,有想象空间,学生兴趣高、注意力集中,反映较好。关于本课介绍的众多的"技术发明"成果,教师通过展示和阅读"某工场主"后代的"日记"形式,轻松有趣地按发明时间先后把成果串了起来。尽管这两处情境基本达到了预设目标,但还存在如下问题:一是学生兴趣没有很快调动,或者"意犹未尽";二是部分学生在"日记"环节发言不积极,甚至不知从何答起;三是逻辑不够清晰;四是思考力度不够。

何老师第二次试教时进行了调整,精炼了关于瓦特的史料,充实了第一处情境,增加了图片,引入了学生的生活经验,以帮助学生更好地走进历史情境。从教学实际看,修改后的教学设计,发生了如下变化:

师:我们先来看这张图片,有没有同学很熟悉它?

生:(七嘴八舌)威廉王子和凯特王妃。

师:来,请一位同学说——

生:这个是威廉王子和凯特王妃的——

师:婚礼现场,(追问)你知道他们的婚礼是在哪儿举行的吗?

(生犹豫。)

师:请坐! 有没有同学知道?

(学生有小声说的,有询问同桌的,有个学生小声说教堂。)

师:教堂,肯定是教堂,好,我们看到——

生:(有个学生举手,老师示意他回答)嗯,威斯敏斯特教堂。

师:威斯敏斯特教堂,你对威斯敏斯特教堂还有其他了解吗?(迅速播放下张PPT。)

生：嗯，我记得好像是英国议会的所在地。

师：英国议会的旁边。很不错！好了，我们看一下，凯特的婚礼在威斯敏斯特教堂举行。这里是英国国王加冕和王室成员举行婚礼的场所，但是在英国人的眼中，这里更是被称作荣誉的宝塔尖。人死之后，如果能在这个教堂里占有一席之地，则是至高无上的荣誉。这里收藏了英国近代历史上各行各业有名的人物，大概有3000多个，而且摆放了600个纪念碑和雕像。在教堂里，我们可以看到英国历史上许多的政治家、军事家、科学家、文学家，如大家熟悉的，第一排的同学应该能看见这个英文名字：达尔文；再如丘吉尔，他的纪念碑在这里也能看到，还有，牛顿墓也在里面。瓦特也位列其中，你能推测出瓦特入选威斯敏斯特教堂的原因吗？

生：(小声回答)发明蒸汽机，改良了蒸汽机……

师：对，瓦特是世界上公认的蒸汽机的发明家，在他的讣告中有这样的话语，我们把这句话读一下……

生(齐读)：它武装了人类，使人类虚弱无力的双手变得力大无穷。

第二次课后，观课老师感受到了较大变化，向老师认为，充实了此处情境，极大地满足了学生的好奇心及探究欲望，激发了学生兴趣。同学们在此处都表现出高度的关注与专注，在下面都有小声作答。

学生在"日记环节"虽然高度专注，但没人举手回答问题，多数学生木然。石老师给出了这样的诊断：老师们总害怕学生知识掌握不到位，备课时千方百计收集各种资料；设计助学案时难以把握好取舍度；授课时又引导得多，忽视了学生的主体地位，不敢把课堂的主动权还给学生，导致学生在课堂上没有兴奋感，参与感也不强，深度思考更谈不上，思维发展和知识素养提升就难以展现。

根据老师们提出的建议，何老师将第三次课的改进思路确定为："从充分的知识铺垫中，帮助学生形成符合历史条件的历史情境想象，力争在情境中提取有效的历史信息，从而跳出情境、高于情境。"与前两次课相比，第三次课变化最大的不是情境，而是课堂结构。何老师希望通过结构的调整，促使学生对第一次工业革命的理解更加清晰。于是，何老师在日记情境中设置了更多问题，补充了资料，以说明工业革命的影响。经过课堂观察与课堂前后测数据分析,老师们发现:学生对老师预设的两处情境依然表现出了较浓烈的兴趣,但还是没有强烈的表达欲望,两处情境还是未能达到最佳效果。课后研讨中老师们都在反思:学生平时的课堂表现是活跃的,发言积极,可此次课却不尽如人意,问题的症结到底是什么呢?

本次课得到了成都七中历史特级教师王开元老师的指导,他指出了如下问题:为什么日记环节学生总体沉闷?除了客观因素外还有老师的因素。如语言表述不够生动,应当再精彩些。日记内容主要反映了工业革命的进程而不是影响,老师还可以补充一些材料,如蒸汽机的发明带来的好处在哪儿?利用日记情境引导学生得出工业革命的影响定位较好,但由于时间紧,没有讲透,没有举例说明,还可充实些。

本组老师聆听了王老师的发言后,一致认为,要在高效的情境中活化知识促进师生的共同创生,需要老师们在情境的优化手段与深度运用上多努力。如:日记情境的材料还可再增加;老师在情境运用中的引导和追问还可再雕琢、再深入。通过研讨,大家一致感觉到整合多元资料更有利于历史情境有效活化知识的目标达成。

**第二个阶梯:利用同课异构的方式,探索如何利用微视频整合资源,达成历史情境创设与运用的高效目标。**

历史教学在刚走过了利用多元资源的整合达成创生课堂目标的探究历程后,又迎来了翻转课堂的"革命"洗礼,如何迎接这一世界性新型教育革命?历史组决定利用同课异构方式,来探寻利用微视频整合资源活化知识的途径,以实现历史教学的飞越与突破。

基于以上考虑,历史组的老师们选定七年级上册的《商鞅变法》为研究课例,将本课内容划分为"变法原因"、"变法内容"、"变法影响"、"对改革的认识"四大部分。把基础性目标确定为:记住商鞅变法主要内容、理解变法原因及作用,把发展性目标界定为:认识改革对历史的推动作用,能够正确看待历史和现实生活中的改革;从认识商鞅为改革而死的人生经历中感悟人生的价值。同时将教学重点确定为:商鞅变法的措施;把学习难点定为:商鞅变法的背景、对部分措施及其作用的理解。虽然在内容、目标、重难点方面两种课型完全一致,但研究主题却完全不同:

创生型课堂的主题为"历史情境体验中探究学习能力的提升",翻转课堂的主题为"云技术下历史翻转课堂的教学研究"。

根据课前预设及各自研究的主题,两位执教老师进行了充分的准备,在两种课堂上各展风采。他们在课堂的各个环节均有不同的处理方式,并有不同效果呈现。

首先,在课前,创生型课堂上的向老师没有给学生布置任何课前预习任务,而翻转课堂中的廖老师则布置学生学习微视频《商鞅变法的时代背景》并完成思维导图的整理,参与论坛讨论"你知道商鞅的哪些故事?你对商鞅有什么印象?"课堂显示的效果是多数学生基本完成,但少数同学对其中内容有所遗忘。

其次,在导入环节,向老师用十八届四中全会提出"依法治国"的时事引入,让学生联系古今并初识商鞅,极好地引导了学生关注时政,引发其对历史上重大改革的探究欲望。廖老师则是根据微视频中对"变法"的解释直接导入。让学生对"变法"这一概念有了明确的了解,为全课学习奠定了基础。

第三,对变法原因的处理方式。向老师根据图片、教材、材料等资料讲述并引导学生思考、分析,然后得出:变法既符合秦国需要又顺应时代潮流,之后又设置情境体验:如果你是当时的国君,你会如何做才能挽救亡国危机?随后根据图片故事简介了变法前的压力与准备。这样既培养了学生阅读课本及史料并进行归纳、理解的能力,又让学生初步体验到改革的必要性、迫切性与艰巨性。但由于时间关系,只能作最简单的背景介绍,可能有学生还不能充分理解。

对这一难点,廖老师则利用了云技术的支持,让学生通过 mindpreview 分享、展示变法原因的思维导图。因为老师已通过微视频的方式,将战国时期的大发展、大变动的特点,生动形象地呈现给了学生,学生已经较全面透彻地理解了变法原因。让学生动手完成思维导图更有助于培养学生的历史思维与归纳能力,以及熟练运用云技术的能力。如果学生在展示时,其他同学能更专注地汲取同学智慧,如果学生在展示完后,教师能及时进行简要的梳理小结,那么效果将会更好。

第四,对"变法措施"的处理。向老师是通过设置情境体验活动——"商鞅变法智囊团之献计献策"进行,组织学生活动,通过小组商讨找出"高招"并分享交流的方式,来解决秦国贫穷落后的主要问题以实现国富兵强的目标。随后又通过回归课本、教师适度补充、解释来帮助学生理解、记忆商鞅变法的主要措施。学生在这一体验活动中深入思考，讨论热烈，发言积极，"高招"频现，充分体现了学生智慧的生成。通过这一活动，增强了学生对改革的艰巨性的体验，也使学生体验到作为改革家的智慧与乐趣，最后学生也没忘记回归课本，将自己的对策与商鞅措施进行对比，体验通过自己探究来解决问题的成就感。

廖老师在她的课堂上也是新意辈出：她先通过"指点江山，我来变法"，让学生根据变法背景推测变法的内容后，让学生回到课本了解商鞅变法的主要措施，再通过"大家来找茬"的活动，让学生在一个虚拟故事中找出与商鞅变法后不相符合的情节，在活动中教师还通过加减操行分的方法让学生体验变法中"连坐法"与"轻罪重罚"，此间教师适当进行史料补充与解释，达到让学生掌握这一内容的目标。整个教学活动中，学生在"我来变法"活动中体验到变法者变法的热情，充分展示了自己的智慧。但在少数学生出错的地方，教师没有及时指正，另外学生对要改变的问题的认识不是太清晰，所以只能针对背景提出少量对问题的建议。在随后的"大家来找茬"的活动中，学生积极性倍增，表现得非常踊跃，教师也进行了及时补充与阐释，既使学生通过游戏的方式较好地掌握了这一重点内容，同时也让学生认识到了"史料"阅读与分析的重要性。

第五，在变法影响的处理上。向老师主要是通过播放视频《大秦国力》来让学生感受并总结出变法给秦国变来的巨大变化，最后通过对史料的呈现，让学生明确变法给秦国强大以及中国历史带来的重大影响。学生对视频呈现的大秦军力感到非常震撼，结合前面有关变法内容的理解，在视频情境中深刻体验到了变法带来国富兵强的冲击力，结合商鞅命运的悲剧，更让人痛惜与深思。

廖老师则是通过提问"变法给秦国带来了什么影响"，让学生思考、回答，最后落实到教材中，得出变法在政治、经济、军事方面发挥的重大作用。通过前面的学习铺垫，学生已能比较容易地得出结论了。

第六，对"感悟改革"的处理上。向老师主要通过设置问题"为国家富强作出巨大贡献的商鞅，最终的个人命运如何呢？"继而引导思考：商鞅之死值得吗？你认为如何才能避免这种悲剧呢？让学生进行思维的交流与碰撞。学生在"商鞅之死值得吗"这一开放性问题上，通过各抒己见，实现了思维的碰撞和观点的交锋，体会到了改革的曲折与商鞅的巨大贡献，进而思考当今应该如何避免流血牺牲，将我们的改革与法治建设推向纵深。学生也更加深了对商鞅勇于创新、一心为公的精神品质和人生价值的感悟与体验。但因为时间关系，教师对学生的引导还不是太充分。

对此，廖老师首先对"奇才商鞅"及其故事进行分享与交流，引出司马迁对他的反面评价、朱镕基对商鞅的敬佩、《大秦帝国》对商鞅形象的正面打造等情境性材料，在形成鲜明对比的情境中，让学生思考在中国新时代的改革征途中，我们需要从中借鉴些什么？故事的分享再次增强了学生的学习兴致，对人物的不同评价，引发了学生对商鞅人物的全面评价与思考。通过老师的引导，学生将历史与现实中的改革结合起来，达到了活化知识学以致用的目的。

本课采用两种不同的教学方式，即情境体验下的创生课堂教学与云技术支持下的翻转课堂教学，在几大环节的处理上都有明显的不同，其效果也各有千秋。利用微视频整合资源的翻转课堂具有如下优势。

第一，更能体现学生的主体地位与主动性。例如在课前中廖老师通过微视频布置学生完成商鞅变法历史背景的思维导图，上课一开始就进行展示交流，学生通过这一活动，既锻炼了自己的历史思维和活化知识的能力，又培养了自己主动探究能力和课堂上的动手与表达能力，学生的主体性得到了以充分体现。而在向老师的常规课上，因为没有将背景放在课前并布置相应的学习任务，学生在这一块的学习激情与主动探究能力就未能得到充分的调动与锻炼。

第二，能将涉及教学重点的主活动开展得更充分更热烈。因为有了微视频对历史背景的介绍与学生自己的梳理，学生对变法内容及其作用也就有了较好的掌握与理解，课堂中就有较充裕的时间去充分地开展教学活动：先有学生的献计献策，随后有看书了解，最后通过"大家来找茬"，达到了突破这一重点的目的。而在向老师的常规课上，因为没有微视与学生的提前学习，所以只有将背景内容放在课堂上讲述，因为时间关系，不可能将复杂的背景讲得太透，有限时间内也不能保证每个学生都能充分理解与活化知识，而这一环节的处理，直接关系到对变法内容这一主活动的有效把握与开展。

可见，微视频在整合历史资源上有着其他方式不可替代的强大作用，它能很好地将各种材料融合在一段几分钟的视频中，增强学习的信息量，其音像效果对学生形成了刺激,将学生带入到一种身临其境的氛围中,这样的情境创设就为活化知识创造了条件。

**第三个阶梯:利用 ipad 让学生参与整合资源的过程,帮助学生深度运用历史情境。**

历史组的老师们在前期研究的基础上,在"如何利用 ipad,让学生参与整合资源的过程,帮助学生深度运用历史情境"的课例研究上,又迈出了探究的步伐。目前教师主要采用了四种探索策略:一是课堂上利用 iPad 查阅相关历史资料,提升学习思维与能力,让学生掌握更丰富多彩的历史资源;二是利用 iPad 制作keynote,进行小组或个人的展示交流;三是利用 iPad 制作 imove 进行小组或个人的展示与交流。在"互联网＋"的时代,历史教学不断推陈出新,让"过去的""古老的"历史在鲜活的情境中得到深度运用,在历史学科中提高了学生活化知识的能力。

## (二) 整合多种形式的课例研究:凝练在情境的深度运用中活化知识的共识

历史组在不同阶段的多种形式的课例研究中,凝练出了紧扣学习目标、精要激发兴趣、贴近真实情境、创设主情境、激发悬疑、体现学科思维的深度和广度等深度运用情境、有效活化知识的共识。除历史组外,数学、物理等教研组也在多样化的课例研究中,凝练出了如下共识。

### 1. 课堂情境的直观性——在有效感知中走向深度运用

数学组的老师们认为直观性情境的创设是以数和形为载体,提供某种直观的符合数学特点的情境,学生能借助这种数和形的直观,领悟相关数学知识的实质,提炼数学思想方法,灵活运用数学知识解决问题,从而实现提升数学知识素养的目的。

王老师在参加全国青年教师说课中,以北师大版教材《数学八年级(下)》第三章《图形的平移与旋转》的第一节作为参赛课题,主要教学内容是平移的定义及性质。王老师在本节课充分利用平板电脑的拖动功能诠释平移,在"动态化"的展示中突出平移的直观性,使学生借助多媒体直观感受了平移现象。教学中,王老师引导学生利用平板电脑自主动手探究,直观感受平移与旋转现象,思考提炼平移与旋转的特点,在互动交流中,逐步推导出概念与性质,并利用性质解决实际问题,突出了重点,突破了难点。

王老师以直观的方式,充分展现了平移的概念与性质的探索与发现的思维过程和知识的形成与活化过程。通过播放学生制作的生活中平移现象的视频,让同学们观察、欣赏平移例子引入课堂,再适时抛出数学问题,激发学生的思考,从而抽象出了平移的概念,通过教师搭建的探究平台,学生在平板电脑上自己动手操作,直观发现其呈现的规律,亲历数学知识建构的过程。教师通过一系列问题的引导,让学生不断思考,并运用多媒体展示,使学生理解平移性质,并运用平移性质解决问题,这就活化了平移概念及其性质的知识。

### 2. 课堂情境生活化——贴近学生生活的情境才有深度运用的可能

数学组以学生熟知的生活案例为情境,激发学生的思考,引导学生生成新的知识和经验。在北师大版七年级上册第三章《字母表示数》一节的教学中,老师们利用创设与新知具有内在联系的生活化情境,有效地促进学生理解与活化知识。教学时,教师以用火柴棍搭建正方形的游戏活动作为问题情境导入新课:

对照图形思考,搭 1 个正方形需要 4 根火柴棒,则依次可知:

搒 2 个正方形需要＿＿＿＿根火柴棒,搭 3 个正方形需要＿＿＿＿根火柴棒。

……

如果用 $x$ 表示搭正方形的个数,搭 $x$ 个这样的正方形需要多少根火柴棒?

搭建正方形需要火柴棒的根数作为问题情景,来源于生活,又与学生所学的"字母可以表示任何数"紧密地融合在一起。学习中,学生凭借自己的生活经验,能迅速解决上述问题,并得到三种形式的代数表达式:$3x+1$;$x+x+(x+1)$;$4+3(x-1)$,从不同角度形成对图形的"拆分"理解,体现了生活化问题情境在活化知识方面的价值,培养了学生的数学思维。

以这个问题情境为引导,教师在课堂上顺势抛出"字母还可以表示什么呢"这一问题。其目的是根据问题情境的启发,进一步发现生活中的其他同类型的问题情境,使学生对所学知识进行一定程度的迁移和思考。片段实录如下:

师:刚才通过学习,我们知道了"字母表示任何数",你们能不能自己举几个例子呢?

(问题提出以后,不少同学跃跃欲试,想表达自己的观点。)

生:小区内房子编号$A$栋$B$单元$C$号,$A$、$B$、$C$可以表示数字,如16栋5单元101号。

生:运算律也可用字母表示,如$a+b=b+a$,$(a+b)c=ac+bc$,式子中的字母可以表示一般的数字。

生:小学时我们还学过一些公式,长方形面积公式:$S=ab$($a$为长,$b$为宽)。

师:还可以表示一些复杂的问题吗?

生:数列$1,2,3,4,\cdots\cdots,n$的和$1+2+3+4+\cdots\cdots+n$,可用字母表示为:$S=\dfrac{n(n+1)}{2}$。

生:还有$1+2+2^2+\cdots+2^n$可用字母表示为:$S=2^{n+1}-1$。

生:那我在小学奥数中学过的$\left(1+\dfrac{1}{2}+\dfrac{1}{3}\right)-\left(\dfrac{1}{2}+\dfrac{1}{3}+\dfrac{1}{4}\right)$,可以设$\dfrac{1}{2}+\dfrac{1}{3}$为$A$,则也可用字母表示为:$(1+A)-\left(A+\dfrac{1}{4}\right)$。

……

字母表示数,虽然是一种表达形式上的抽象,但让学生实现思维上质的飞跃,对学生的数学学习是一个挑战。在小学阶段,学生主要依赖于具体直观的例子或数字解读数学,基本为形象思维。到初中,有理数是一个过渡,代数慢慢植入学生的脑海,形象思维逐步转化为初步的抽象思维。在本节课上,学生的表现十分精彩,可以说"一石激起千层浪",很多学生有自己的看法,不难看出问题情境的生活化起了关键性的作用,在问题引导和学生的相互激发下,常见公式、整体思想等认识迸发而出,这有助于学生理解:数学符号的使用是数学表达和数学思考的重要形式。这种教学过程,既有利于学生活化知识,更有利于培育学生的知识素养。

向老师在《百万分之一》的教学中,运用生活化策略创设问题情境,让学生发现生活中会出现百万分之一等较小数据的现象。学生从报纸杂志、电视广播、计算机网络等方面,可以寻找到许多与百万分之一有关的素材,通过查找资料这一活动,能让学生充分感受到生活中发生过大量的与"百万分之一"有关的事件,并引发他们对"百万分之一的大小"这个问题的思考,培养学生善于观察生活、乐于探索的学习品质及与他人合作交流的意识。这个活动的目的是借助大量的生活实例,让学生经历观察、想象、计算、推理、描述和交流等过程,从长度、面积和高度等多种角度直观体验百万分之一,培养学生的数感,提高学生积极参与数学活动的意识。由此进一步引出:百万分之一的大小,如何运用所学的知识来方便地表示。这就为后面的科学计数法的学习打下了兴趣基础,也为学生知识素养的提升提供了可能。

何老师在四川省初中数学教研组长培训活动中献课《菱形的性质与判定1》,在运用实践性策略进行菱形的性质探索时,何老师让学生在家通过实践折纸探究菱形的性质,并将自己制作的探究过程用视频的形式呈现出来。老师展示一两位同学的探究过程,通过点评,引导学生探究出菱形的性质定理。何老师的设计充分体现了问题情境的实践性,通过学生"做数学"的过程,达到"发现数学"的目的。动手"做数学",让数学知识从书本中走进学生生活,由抽象概念转变为能够操作和感知的知识,使学生既在学数学中找到乐趣,又在不知不觉中提升知识素养。

物理组的老师们也形成了这样的共识。如八年级下册《流体中的运动》一课中,要求学生掌握的概念并不多,只有"流体在流速大的地方压强小,在流速小的地方压强大"。虽然概念不多,但学生却难以理解,因为他们没有相应的生活感悟。为了能让学生在有兴趣的学习中高效地活化知识,他们设计了这样两个活动:

**活动一：新课导入**

1. 小组推荐代表参加"比一比谁最能吹"的比赛。

2. 教师演示实验：用电吹风从漏斗下方往上吹乒乓球。

3. 提问：为什么乒乓球往上吹不上升？往下吹不往下掉？

（设计意图：通过小组比赛和教师所演示的两个实验现象形成强烈对比，激发学生进行探究的欲望。）

**活动二：努力发现**

1. 教师播放流体流过物体现象的视频，给出如下四个现象：

A. 往两张竖直的纸中间从上往下吹气，纸向两边飞去；

B. 吹硬币，硬币跳过尺子，还能举行硬币比赛；

C. 取一根从中切开口，折成直角，用它可以喷出礼花；

D. 注射器装满水，往两水船中喷水流，船向两侧走。

2. 提问：这些现象哪些不符合实际？请各位小组进行猜想，并说明猜想的理由。

3. 分组对各自的猜想进行实验验证，以认识正确的现象。

4. 师生共同探讨实验现象背后的原因，总结伯努利原理。

（设计意图：教师通过视频中学生习以为常的四个现象，创设了四个学习情境。让学生们有兴趣地去探究，探究之后，小组内对实验背后的原因展开讨论和总结。这样处理，除了能让学生有兴趣外，还能让学生记忆深刻。）

在本节课中，老师们利用学生头脑中的"真现象"和实际中的"真现象"拍成了视频，让学生判断真假。在一系列的现象中，设置了富含生活的学习情境和思维情境。学生们在生活情境中猜测真假，再从生活情境走入实验验证，在学生得出结果后，立足于教学目标，设计了具有思维张力的问题，又将学生引入思维情境之中。整节课，学生学得很快乐，知识活化成果也非常丰富。

**3. 课堂情境的开放性——没有延展性的情境就难以促进深度运用**

数学组的老师们认为，数学化的问题情境创设，主要体现在依托学生现有的知识基础和教师对题目的拓展与追问上,在课堂教学中捕捉相关问题并对其加以引导思考,让学生即将学习的新知识与已学知识产生直接的联系或引发冲突,从而有效地激发学生的思维宽度,提升活化知识的质量。

在北师版数学七年级上册第三章多项式基础知识的学习结束时,学生们完成了对多项式的次数及项数的认识,需要进一步认识含参数问题和不含某项问题的处理方法与策略,这是本节课的一个难点。教学中,借助数学化的问题情境创设,让学生产生疑惑,通过互动交流突破难点。部分课堂实录如下:

原问题:若 $5x^2y^{|m|}-(m+1)y^2-3$ 是三次三项式,则 $m$ 等于_____。

生:题目为三次三项式,故最高次项的次数为 3,即 $2+|m|=3$,得出 $m=\pm1$;

二次项系数不能为 0,所以 $m=1$。

师:能不能改编一下,让答案为 $m=-1$ 呢?

(学生陷入了思考中,还是有一些小惊喜)

生:如果 $m=-1$,二次项的系数为 0。

(这一下激发了大家,不少同学还是不清楚,二次项系数为零怎么了?)

生:二次项系数为零,是不是该项不存在了呢?

生:该题可编为若 $5x^2y^{|m|}-(m+1)y^2-3$ 是三次二项式,则 $m$ 等于_____。

(这一改变得到大家的高度认可,其实这个过程不含某项的这一难点已经突破)

师:不含某项意味着这项的系数为零。哪位同学能编一道相关的变式训练呢?

生:若多项式 $x^4-(a-1)x^3+5x^2-(b-3)x-1$ 不含 $x^3$ 和 $x$ 项,求 $a$,$b$ 的值。

生:$a-1=0$,$b-3=0$。所以 $a=1$,$b=3$。

在本节课的教学进程中,老师们注意借助常态化的课例研修成果,把学生已学的知识作为背景知识,将题目进行变式处理,选择了题目问题中的一个好的切入点,在所学的知识多项式与由新知识拓展变式产生的含参和不含某项的相关问题之间搭建了一座桥梁,以上一个问题为背景,然后提问,让其产生逻辑联系点,进而引导学生突破难点。可见,拓展化的问题情境,依赖于教师对相关问题及学情的把握,由问题情境不断拓展,在活化知识方面能有意想不到的收获。

晏老师在成都市校长培训活动中献课,课题为《用面积法巧解线段的和与差》,晏老师让学生学习微视频后,请学生自主提出问题,设计题目,大胆创新,把学习的主动权交给了学生,学生们设计出了许多有深度的问题,部分问题如下:

问题 1. 如图,在钝角 $\triangle ABC$ 中,$AB = AC$,过底边 $BC$ 上的 $P$ 点作 $PE \perp AC$ 于点 $E$,$PD \perp AB$ 于点 $D$,$BT$ 是 $AC$ 边上的高。则 $PD$、$PE$ 和 $BT$ 有什么数量关系?

问题 2. 当点 $P$ 是等腰 $\triangle ABC$ 底边 $BC$ 的延长线上一点时,再次探索 $BM$,$PE$,$PF$ 之间的数量关系。

问题 3. 已知等边 $\triangle ABC$ 和一点 $P$,设点 $P$ 到 $\triangle ABC$ 三边 $AB$、$AC$、$BC$ 的距离分别为 $h1$,$h2$,$h3$,$\triangle ABC$ 的高为 $h$,试探索 $h1$,$h2$,$h3$ 和 $h$ 之间的数量关系。

问题 4. 当点 $P$ 在等边 $\triangle ABC$ 外时,其余条件不变,再次探索 $PE$,$PF$,$PG$ 与 $AM$ 之间的数量关系。

问题 5. 四边形 $ABCD$ 中,$AB = CD$,取下底 $BC$ 上任意一点 $P$,分别过点 $P$ 作 $PF \perp AB$ 于点 $F$,$PE \perp CD$ 于点 $E$,其中 $BG$ 为腰 $CD$ 边上的高。再研究 $PE$,$PF$,$BG$ 之间的数量关系……

正因为有了这种开放式的问题情境创设,教师才能在延展性的情境中引导学生精彩地活化知识,成就了学生的精彩创生。

张老师在《以特殊图形为背景的三角形全等》一课上,通过课堂中给出的问题特殊情境,让学生思考、解决并总结解题策略。在此基础上,张老师让学生提出若干与之相关的问题,学生提出了多种解决问题的方法,并将自己的成果与其他同学共享,集团体智慧活化知识。张老师在课后写下了自己的感悟:本节课立足于微视频,学生先自主学习微视频习得方法策略,课上依据微视频的学习成果展开学习活动,学生思维打得开,方法用得活,成果显著,情境创设的开放性成就了课堂教学的精彩。

**4. 课堂情境的体验性——没有体验的深度就没有情境运用的深度**

数学组的老师们认为,在数学课堂教学中,让学生有足够的时间和空间经历观察、实验、猜测、计算、推理和验证等活动过程,对学生活用数学知识有着重要的作用。在北师大版七年级下册第四章《探索三角形全等的条件》的教学中,老师们利用常态化课例研究中问题情境体验化的教学策略,有效地促进了学生对两个三角形全等条件的认识,部分课堂实录如下:

> 师:二个条件对应相等的两三角形一定全等吗? 它有几种情况呢?
> 生:三种,分别为两角、一角一边、两边。
> 师:下面我们分成三个组分别按照下面条件,利用 ipad 体验实践做一做。
> (1) 三角形的两个角分别是:$30°$,$60°$。
> (2) 三角形的一个角为 $30°$,一条边为 $3 \, cm$。
> (3) 三角形的两条边分别是:$4 \, cm$,$6 \, cm$。

在整个体验实践的过程中,学生利用 ipad 制作符合条件的三角形,并借助 ipad 投影展示,得出两个条件对应相等的两三角形不全等这一结论。

这节课,紧紧围绕"探索三角形全等的条件"这一问题情境展开。课堂上,学生经历了动手实践、自主探索与合作交流等环节,通过观察、实验和验证等方式得出相关结论,在实践体验中有效地培养了学生的空间观念和几何直观,帮助学生直观地理解数学,使复杂的数学问题变得简明、形象,也使抽象的数学知识变得清晰可感,实现了深度运用情境的目标。

赖老师在 iPad 数字化一对一研究课《七巧板》中,让学生在 iPad 上实际操作拼图,体验七巧板拼图活动带来的学习乐趣。赖老师在课后反思中写到:本节课能充分体现活动课的基本特征——体验性。本节课在学习过程中充分发挥了学生的主体作用,学生不断地动手、动口、动脑,思维始终处在"动"的状态之中。此时,学生并不认为自己是在上课,而是在进行一次智力大比拼游戏,有趣极了。这一切得益于恰当地使用了 iPad 完成拼图并展示与交流,高效地完成了教学任务。本节内容教科书的建议课时为 2 课时,本堂课只用 45 分钟就达到了很理想的教学效果,可见体验对情境运用与知识活化的重要意义。

**5. 课堂情境的现代性——借助"技术"的力量增加情境运用的深度**

数学组的老师们认为,把现代信息技术作为学生学习数学和解决问题的有力工具,能有效地改进教与学形式,使学生乐意并有可能投入到现实的、探索性的数学活动中,这是活化知识与提高知识素养对数学课堂提出的愿景。在北师大版八年级下册第六章平行四边形第三节《三角形的中位线》的教学中,学生在课前利用 iPad 的网络终端自主学习三角形中位线的相关知识,并提出自己的疑惑。在微视频制作中,教师自己动手,通过剪拼、测量等方式,先让学生直接感知中位线的性质,为学生搭建了一个既实实在在又生动活泼的数学情境。之后,教师借助动画形象生动地向学生展示了其中的数学趣味——通过旋转及平行四边形的判定,证明三角形中位线的性质,学生感知理解整个证明过程。最后,教师给学生安排了三个任务:①完成学习卡上的填空及证明;②完成学以致用的练习题;③自己搜集一道或两道关于中位线的典型题。在这种课前准备中,微视频成为了学生理解中位线的性质的一个载体,让中位线的相关信息生动直观地根植于学生脑海,并让引发他们更多的思考,在研究中深入理解与活化知识。

在课堂教学中,由于微视频的直接铺垫和学生的课前学习,学生带着实践感受和思维困惑参与学习,通过发现的问题或提出的问题进行交流,课堂真正实现了积极参与、交流互动、共同发展,课堂真正还给了学生,学生成为了课堂的主人。在课堂最后的好题分享环节,部分学生还把自己搜集整理的相关典型问题做了分享,促进了师生共同进步。

在这堂课中,老师们深深地感受到:现代教育技术可以为数学问题情境的设置提供优良的学习平台,它能让学生及时深刻感知问题情境下数学知识的生成,让数学课堂更生动活泼,提高教学活动结果与预期教学目标的吻合度,使教学效果和教学投入的比值更高。

胡老师在中青年教师献课活动中展现的《用面积法巧解线段的和与差》一课,

利用面积法巧解垂线段的和差问题,这是一个专题学习内容,胡老师让学生通过微视频的学习进行激情闯关游戏,让学生体验数学学习的趣味性。学生以极大的兴趣参与了闯关游戏,提出了一些有价值的问题,并通过 iPad 以邮件的形式立即发给了老师,老师把其中的一些有代表性的问题整理、展示如下:

问题1:第二关中线段太多,无法下手让面积形成联系,建立面积关系。不知道怎么作辅助线,利用哪几个三角形的面积来探索三条线段之间的关系。

问题2:第三关中是否可证明三角形 $ABP$ 的面积等于四边形 $GBPE$ 的面积,四边形 $BADG$ 的面积不能将其分解,如何用面积之和表示。

问题3:第四关中对面积法的运用及其变化不好把握。

问题4:第四关的题是不是有的用全等也可以证明? 有的时候找关系要找好久,有解决问题的诀窍吗?

问题5:第五关中问题解决的入口点怎么找?

由于提出的问题进一步激发了学生的研究热情,课堂教学以问题为突破口,以解决问题为主线。在课堂教学中,教师和学生通过对提出的问题进行互动研究,形成了热烈的研究氛围。在本节课的教学中,教师一方面让学生自主思考提出的问题,与同伴合作交流;另一方面引导学生在探索的过程中,对图形的性质进行有条理的思考并表达思考过程,鼓励学生提出独特的想法。这两方面的举措,激发了学生课堂学习的积极性和主动性,同学们集思广益,以多种方法解决了课前提出的问题,在充满趣味的数学活动中活化了知识,拓展了思维,提升了知识素养。

周老师在青年教师赛课活动中执教《正方形的性质与判定(一)》一课,她针对初中学生喜欢动画的特点,采用动画的形式,把图形之间的变化体现得生动活泼,激发了学生学习几何图形的兴趣。在课堂教学中,问题是由学生观察动画提出的,教师筛选,学生小组合作解决并汇报解决问题的过程。整节课周老师引导学生对所学内容进行知识建构,并发展学生的审美情趣,促进学生个性品质的全面发展。周老师在课后反思中写到:教师要从学生的年龄特征出发进行教学,鼓励学生探究方式、表述方式和解题方法的多样化,从而使学生乐于学习数学,有兴趣学习数学,在轻松愉悦的氛围中提升学生的学习能力和知识素养。

# 第四章

## 解决问题： 提升学习素养的关键

活化知识的重要目的,是提高学生运用知识解决问题的能力。解决问题,是指运用知识解决某一具体问题或完成某一具体任务的过程与结果。此处所说的"解决问题",主要有两个方面的内涵:一是解决问题的过程,即学生所经历的发现、探究和解决问题的一连串活动,及其在活动中收获的一系列体验;二是解决问题的成果,即学生在解决问题的过程中获得的知识、方法与经验等。

问题是推动思维发展的原动力,是思维发展过程中的联系纽带,是思维从朦胧走向清晰,从已知走向未知发展的助推器。解决问题,是学生综合运用书本知识,带着书本知识走向鲜活世界的必经之路。"问题解决",作为中国学生发展核心素养中"实践创新"维度的重要指标,其发展程度决定了学生"社会参与"的品质。学生是否善于发现和提出问题;是否具有解决问题的兴趣和热情;是否能依据特定情境和具体条件,选择或制订合理的解决问题的方案;是否能在探究或解决问题的过程中发现"新的世界",是学生是否具备"问题解决"这一核心素养的关键。

解决问题,需要具备相应的能力与素质,这种综合性的能力与素质,可以称为问题素养。问题素养,是发现问题、正视问题、探究问题和解决问题的态度与能力的总和。问题素养的提升,是发现、正视、探究和解决问题的态度与能力的综合性飞跃;学会解决问题的能力,是学生应该提高的关键性学习能力之一。特别是基于核心素养的课堂教学变革，更是需要学生提高学会解决问题的能力，因为学会解决问题的能力，能够影响和带动其他能力。只有学会了解决问题，才能发现、正视和探究问题；只有学会了发现、正视和探究问题，才能在活化知识的过程中解决问题。因此，学会解决问题的能力，也是"学会学习"的重要能力，迈出了提高学习素养的第一步之后，还需要在"解决问题"的关键环节上下功夫，在解决问题的过程中把握提升学习素养的关键，搭建通向核心素养的桥梁。

解决问题首先要"崇尚真知"。问题意识是学生探索、思考科学现象的开始，直至找到答案，或形成对科学知识持续发展的兴趣。只有大胆提问、推测，才有利于想象力的发展，才能把学生引向观察、试验、论证等科学探索的方法中去。

解决问题还需要"理性思维"。以严谨的态度、科学的方式发现问题、解决问题和反思问题，从一元走向多元，从封闭走向开放，从感性走向理性，寻求科学的最佳的解决问题的策略，需要理性思维做支撑。

解决问题要"勇于探究"。要敢于提出问题、形成假设，并通过科学方法检验、求证，得出结论，没有百折不挠的探究精神，就难以发现实质性的问题，更难以解决攻坚性的难题。

解决问题要"勤于反思"。"吾日三省吾身"，通过自我提问，以问促思，对自己解决问题的状态、方法、过程有清楚的了解，并不断进行调整，才能根据不同情境和自身实际，选择合理有效的学习策略和方法。

解决问题要善于"批判质疑"。要能独立思考、独立判断，辩证地分析问题，要从不同角度提出自己不同的看法，才能把握问题的实质，学会有深度地分析和提炼问题，提高解决问题的能力。

提高学会解决问题的能力，要遵循以"问"促"学"的核心素养发展路径。首先，要把握以"问"促"学"的意蕴。"问"，是对"疑"的一种集中与概括，由疑而发的求知、求解的愿望，是"学"的原动力。学生敢"问"会"问"，才开始了个人的思考，"学"才会成为一种可能。学生每一个小小的"问"，都是一段质疑问难，是一段探索实践，是一段深入思考，是一段主动求知的过程。课堂中，学生拥有"问"的权利和自由，教师绝不能因怕学生不会"问"抑或"问"不好而因噎废食、越俎代庖，不让学生"问"；也不能只流于形式，而让学生毫无章法、漫无目的地"问"；更不能只满足于解释和应答学生的"问",而是要善于启发和引导学生在学习过程中"问源"、"问流"、"问法",提升"问"的品质,习得"问"的方法,生成"问"的智慧。

其次是建构以"问"促"学"的教学模式。以"问"促"学"的课堂教学,是将培养"问题意识"作为课堂教学的出发点,构建新的课堂教学生态系统,使教学从学生的立场出发,关注学生生态,守护学生天性,面对学生提出的问题,教师不打断、不指责、不呵斥、不敷衍,激发和引导学生的发展,帮助学生完善自己的成长过程,促进每一个学生最优发展。以"问"促"学"的教学环节,必须以学生学习为主线去设计,必须让学生经历真实的问题探究过程,以认知建构的方式去重组问题,让学生在问题与问题的联系中,在综合地带和边缘地带,进行知识碰撞,建构知识与知识之间的联系,将真实的问题形成问题链、问题矩阵,从低结构问题到高结构问题,从本学科的结构性问题到跨学科的结构性问题……使"问"和"学"的程度不断加深。

要实现以"问"促"学"的教学转变,要在盘活知识的过程中提高学生解决问题的能力,需要解决教学实践中的具体难题。为此,七中初中学校的老师们开始了系列的规范性和常态化的课例研究,形成了诸多认识与操作性成果。

## 一、设置"有效问题"——让问题具有提升学习素养和发展核心素养的空间

有效问题,是指能够实现学科教学目标、学习素养提升目标和学生核心素养发展目标的问题。核心素养背景下的有效问题应具有三重指向:一是指向学科教学目标,包括学科教学的远期目标和近期目标,特别是本节课、本专题的具体目标等;二是指向学习素养的提升目标,即通过有效问题的设置与使用,帮助学生实现学会学习的目标;三是指向核心素养的长期发展目标,只有体现了三重目标指向,并在一定程度上促进了三重目标整合的问题,才是有效问题。七中初中学校的老师们为了设置有效问题,为了提高每一个问题发展学习素养与核心素养的可能性,进行了多种形式的课例研究。

### (一) 开展规范性课例研究,系统建构"有效问题"的设置策略

英语组的老师们以"阅读课有效问题设置与核心素养生成"为主题,开展了规

范性课例研究。在第一次试教中,他们确立了"谈论好朋友"的教学主题与如下目标:

**基础性目标**

① 掌握新词汇、短语和句型的意思;

② 培养学生正确的择友观和珍惜友谊的情感。

**发展性目标**

① 能够正确运用句型表达自己对朋友的观点;

② 通过文章感知阅读策略,掌握 skimming 和 scanning 的技巧。

根据这一目标,教师确定了如下教学环节:

环节一:热身:通过歌曲《朋友》引入话题谈论朋友;

环节二:文本解读:首先让学生对三篇短文的大意进行连线,掌握 skimming 技巧;

然后完成下列表格,处理文章细节和新单词,掌握 scanning 策略;

表1

Should friends be the same or not?

Things in common/Differences

James and Yuan Li

Huang Lei & _____

Mary & _____

环节三:写作指导:引导学生分析三篇短文的结构,并补充少量相关短语和句型;

环节四:学生写作及展示:学生运用本课所学,表达自己对朋友的看法。

为了观察设置的问题是否有效,教师确定了如下课堂观察点:

(1) 主问题是否支撑了全课,是否充分发挥了统领作用;

(2) 追问是否及时有效,是否将学生思维引向了深入;

（3）各个教学环节问题的设问点是否科学有效；

（4）学生对各类问题的反馈情况；

（5）问题与生成情况之间的联系。

通过观察和研讨，老师们发现课堂教学存在四个主要问题。一是问题缺乏情景度和预设。授课教师用周华健的《朋友》为背景材料，其目的是为了营造气氛和引出本堂课话题。在歌曲结束后，老师提问：What's this song about? Is friendship important or not? 通过观察各层次学生的反应，我们能看出，第一个问题学生都能回答，但是对于第二个问题，绝大部分学生都沉默了。老师没有继续给予学生回答这个问题的有效帮助，选了个 A 类学生回答之后草草了事。这个问题的设置是失败的。其一，该问题与本课话题：Should friends be different or the same? 关系不密切，对后面环节的推进帮助不大；其二，老师没有充分预设学生的生成——对于这个问题的回答，学生没有接受任何语言信息的输入，如何能够生成老师期望的回答呢？

二是问题形式单一，学生思维活动简单。课文讲解分为两部分：一部分略读，将人物和他们的观点进行连接；第二部分细读，完成所给的表格。主要问题出现在细读的部分：

T：Fill in the chart. What are the things in common and what are the differences between them.

这个问题很笼统，很宽泛。学生阅读的目的并不具体，表格的设置也很简单，学生只需要照搬书上的内容便可回答，并没有达到通过问题让学生主动生成自我问题和思维训练的目的；而且学生只需照搬书中内容，根本无法培养有效解决问题的策略与能力。

同时，A 类学生也因为问题没有太多挑战性而导致缺乏应有的积极性。C 类及 D 类的同学因为要抄写的内容太多，而无法在老师规定的时间内及时完成解决问题的任务。

三是问题缺乏引导性。缺乏引导性的问题难以培养学生思维的连续性和创造性，对课堂教学进程的推动也没有太大帮助。以环节三——写作指导为例：

师：Now let's look at the passage again. Tell me how many parts James writes? How many parts?

生：Three.

这是一个主问题，学生通过有思维的活动，回答出了有三部分。但是在接下来的追问和提问中，问题的有效性在逐步减弱，问题的推动作用也在减少。如：

师：Three? Cao Xian thinks there are three. Do you agree? How do you think about it? Yes Cao Xian, you tell me which three parts.

生：Yes.

师：Yes. Cao Xian, you tell me which three parts. Or the first part?

生：I like friends who are like me.

这些琐碎的问题不但将学生的思维打乱，同时还让这个环节显得有些多余。

师：So how many parts here? Also three. So you divide first，then second，right? The second part tells us the things in common，right? The third part tells us the differences between James and Yuan right?

很多这样的反问句，实际是老师无意和无为的重复，对学生的生成和环节的推进没有多大的作用。

四是问题随意，且不具开放性，学生自我创生受到限制。如：

师：You can write something to end the passage，right? And here，for opinions，perhaps these sentences can help you how to write your own opinions，OK? Or so you may say it's not necessary for friends to... Or it's necessary for friends to ... to be the same or to be different? Or you may tell this that I think it's important for friends to be the same. Or you may say，actually I don't care about it. I don't care，OK? And you can also tell us I like to have a friend who has the same hobby as me or who is different from me. Do you understand?

老师举了很多例子来展示如何写文章的开头部分，最后只是很随意地问学生有没有明白。这一环节学生只是被动接受，没有任何思维含量和解决问题的创生过程。

接下来老师再次提问：And for the argument，what should you write?

生：I think we should write what you and your friends usually do. Compare you and your friends.

这是一个有效问题,能够充分鼓励学生思考,而且该生的回答非常出彩,但是老师没有给更多学生思考的机会和时间,并且在接下来的指导语中再没巩固和呼应了。

在第二次试教中,英语组的老师们调整了内容。一是"热身"环节,以《Seasons in the sun》为背景音乐,播放学生自己和朋友们的照片,设置提问:What do you like about your friend? 二是文本解读环节,第一步仍然为文章大意连线;第二步,文章新单词和细节处理分别改为了第一、三篇:判断正误;第二篇:根据文章信息完成句子。三是写作指导环节,首先,将分析三篇文章的结构改为了以一篇文章为例,重点更突出;其次,在补充语言输入环节,注意设置开放性问题,让学生来思考补充什么内容合适。四是学生写作及展示环节,学生运用本课所学,表达自己对朋友的看法。从课堂观察看,这次试教在"有效问题"方面有了如下改进。

首先,问题设计多样化,学生开始深层次思考。本次课最大的变化是在课文讲解环节设计了多样化的问题。略读没有发生多大变化,但细读的改动却翻天覆地。首先,阅读方式和检测方式有所变化。由整篇阅读到分篇阅读,从大表格到每篇文章设计不同的检测方式。老师将三篇同类型的小短文,用三个大问题分开:

（1）Judge the statements True or False.

（2）Fill in the chart .

（3）Judge the statements True or False.

Read the passages one by one carefully and finish the tasks.

Passage A. True or False?

1. James is not as outgoing as most of the students in his class.

2. James is the same as Yuan Li in every way.

3. Yuan Li is better at sports than James.

Passage B. Complete the sentences with the right words.

1. Huang Lei and his best friend Larry are quite _____.

2. Huang Lei is _____ and _____ than Larry.

3. Larry is better at sports _____ they both love _____ sports.

4. Larry plays tennis _____ than Huang Lei.

Passage C. True or False?

1. Carol can make friends laugh.

2. Mary is quieter than Carol.

3. Both Mary and Carol have the same interests. (interest ＝ _____ )

这样的改动,首先使学习任务具有多样性,激发了学生解决问题的兴趣,同时问题更加具体、细致,更加具有挑战性,A 类学生也积极参与了进来,从而有效地提高了各类学生的参与度;其次是问题的深度促使学生仔细思考,例如在判断正误中有一句话: James is the same as Yuan Li in every way. 学生要仔细阅读全文,并充分理解和分析文中句子才能得出正确答案。这说明老师在本环节设计的问题,对训练学生的阅读能力和思维转换能力是有效的。

其次是教学环节重点突出,目的明确。如热身部分,以播放学生自己和朋友们的照片引入,更加具有真实感、只用一个问题引入本节课的话题: What do you like about your friends? 简单明了,学生反映也很积极。此外,在写作指导环节,不再分析三篇文章的结构,而是突出重点,以一篇最好的为例,让学生明白可以以"总分总"的结构来阐述自己的观点。

此外,这节课用主问题支撑起了整个课堂,教师追问意识增强,学生主动生成的内容明显增多。由于老师在写作指导环节设置的问题更加开放,因此学生思考也更加积极。当老师提问"What can we write in the body?"时,学生们自己补充了很精彩的内容: What does he look like? Hobby, school work 等。但是,问题设置的有效性还需要进一步加强,主要体现在两个方面。

一是个别问题功能性不强,对氛围的调动并没有产生有效作用。授课老师在第二次课中将中文歌曲换成了英文歌 Westlife 的《Seasons in the sun》,并配上学生和朋友的照片。

师: Do you know the song? Yes,someone said the West life sings the song.

Yeah. Ok, stop here. So class begins. Good morning, class.

生：Good morning, Miss Zhong.

师：OK, sit down, please. So you see just now you see you have seen so many pictures of your friends in class, right? And I think friendship is very important in our life. And you do have lots of friends. And I think friendship is very important in our lives. You do have a lot of friends around you, so can you tell us what you like about your friend?

在引入阶段,问题的主要功能在于是否引起了学生兴趣。通过观察学生的反应,老师们看出学生对此情境是很感兴趣,但老师的问题反而破坏了已经慢慢建立的情境氛围。对老师提出的这个问题,学生感到很唐突,所以导致了冷场。从问题的功能看,它对整个环节和情境的推进并没有起到积极的作用。

二是问题缺乏引导性。在结构分析中,老师用了一篇文章作为例子,通过几个大问题和适当的追问,完成了对课文的结构分析任务。

师：Yeah. Thank you. It's false. OK. Now, let's look at the passage again. See, how many parts are there in this passage? How many parts can you guess?

在随后的写作指导中,问题的开放性仍然不明显,学生有创生的内容(前面已经阐述),但是总体来说,仍然是老师话多学生话少。

师：Now if I need you to tell us what you think of friends be the same or different, and ①the beginning, how can you, what kind of sentence can you make to give us your opinion. The first one, it's not necessary, for friends to be the same or be different. I think it's important for friends to be the same or something and may tell us actually I don't care about or just as the boy said I like to have friends who are like me or different from me or something. Ok. ②And in the body, what can you write about you and your friends. Something you look like, would say the looks, something in common, you both have long hair, or he is a little bit taller than me. What else can you write? Hobbies, interests, great. You can write about hobbies. ③So what can you write to finish it? As you can see, so yes, so you see or as you can see and great. In a word or we may say generally speaking then try to finish your sentence.

在课后研讨中,老师们就情境的渗入,主问题的贯穿,追问的有效性,学生的生成和自我产生怀疑的主动性,以及课堂的真实性展开研究。老师们在研讨中一致认为有效的问题能让学生有读的欲望,探究的兴趣,最终有表达的激情,能主动产生怀疑。根据这些研讨内容,老师们进行了第三次试教。

第三次试教时,老师们对内容做了进一步调整。在热身环节,仍然采用学生和朋友自己的照片引入,但是问题改为:Should friends be the same or different? 简单明了,直接点题。写作指导环节在补充语言输入时,在老师的提示和帮助下,让学生思考补充,充分激发学生的思维活跃度。写作展示环节以学校英文报纸征稿为场景,刺激学生写作欲望,鼓励学生向编辑投稿。在第三次试教中,有效问题的设置有了明显突破。

首先是问题简单直接,紧扣主题。授课老师仍然利用 westlife 的《Seasons in the sun》配学生自己的照片,为情境的载入做准备,但不同的是,所提问题的目的非常明确。

师:You see, some friends look alike, while others look different. Some friends like doing the same things while others have different hobbies. So should friends be the same or different?

这个问题主题意识非常鲜明,直接点题,学生开始有了一定的定位思考。接下来用问题继续带动情境,适当的追问起到了至关重要的作用。

师:For me, I think friends should be the same. ① How about you?

② Should friends be the same or different?

生1:I think it's not necessary for friends to be the same.

生2:I like to have friends who are different from me.

其次是问题性具有多样性。经过上两次的研讨和教学实践,老师们发现,问题设置的多样性,在英语阅读课教学中能够起到非常有效的作用,不仅能帮助学生理解课文内容,还能对学生问题解决能力的提高起到了很好的训练作用。

第三是问题具有指导性。在写作指导过程中,老师不再一言堂,而是巧妙地通过几个具有引导作用的问题来调动学生的积极性,让学生发挥自主能动性并同时促成学生自主生成。

师：① Now if you are going to write a short passage to tell if friends should be the same or different, what sentences should you write to tell your opinion at the beginning?

② And these sentences may help you to begin your passage. Ok, now, about the body, what can we write to show that our opinion is right?

③ Then how can we end the passage?

加之及时和适当的追问，学生生成的内容相当丰富。同时，这样也为学生营造了继续写作的氛围。让我们来看看下面这个片段：

师：Now if you are going to write the passage about if your friend should be different or the same, what sentence should you write to tell your opinions at the beginning?

生 1：You can tell your opinions first.

师：Yes, but how?

生 1：For me, I think . . .

师：Any other sentences to show your opinions?

生 2：It doesn't matter to be the same or different.

师：Any more?

生 3：In my view, it's not necessary for friends to be the same.

...

第四是问题情境具有真实性，能引发学生思考和参与的热情。在本次课中，老师利用本校学生所办的英文报纸征稿创设了一个真实的情境：

师：So next we are going to do this — something interesting and challenging. (播放 PPT) Look! This is the English newspaper made by Class Five. They need some passages about friends for next month's newspaper. Can you write a passage about if friends should be the same or different to the newspaper?

并通过问题"Which passage is the best to be put in the newspaper?"激发了学生的写作欲望，问题和情境相辅相成，自然呈递，解决问题的过程与情感的渲染自然、不造作。

在规范性的课例研究中,老师们总结出了设置"有效问题"的主要策略。

## 1. "有效问题"力求彰显三个方面的价值

一是有效组织、联结教学内容,彰显"问题"有序展开的价值。教师通过精心设计的一组问题和选择提出问题的时机与策略引出课程主题,并层层推进,以实现新旧知识的联系与迁移,完成学生认知体系的重构。这样的提问,有效提升了学生的课堂关注度与参与度,确立了学生在教学中的主体地位。有效问题能够引起学生的普遍关注与参与,让学生在课堂中更加无意识地、主动地进行思维和自我表达,从而在潜移默化中将学生转化为课堂主体。同时,有效问题还应有效构建层次性的知识链,促进学生思维与表达能力的阶梯型训练与提升。知识的关联依赖问题提出的时机与顺序,问题的有序抛出与展开,将会引导着学生的思维和表达不断地发散、汇聚、上升,在螺旋创生中达微致著、累浅成深的效果。

二是有效激发学生的学习兴趣,彰显"以问题提升参与度"的价值。对问题的兴趣和对知识的渴望,是促使学生主动学习的内在动力。有效的问题应该充分结合学生对课程的关注点,让学生的思维之泉汇入课堂教学的主问题中。有效问题应有效营造课堂的情感氛围,引发教学共鸣,实现水深鱼极乐,林茂鸟知归。将问题寓于具有参与度的情境之中,才能更好地激发学生对问题的主动认知和情感的积极投入,使学生追寻答案的愿望更加热切。提高问题情境普遍认知的可能性会帮助学生从自己的生活体验中触摸到答案的轮廓,获得寻找答案的线索,从而建立起参与的热情和信心。

三是有效问题能带来愉悦的学习体验,应彰显增强学生学习自信的价值。学生通过自己或与别人的讨论,形成答案的建构过程,可以让其感受到学习的乐趣,并极大地树立其独立思维、表达的信心,为后续的课程学习积蓄了能量和热情,能够发挥提升学习自信心的价值。

## 2. "有效问题"的设置策略

从教学法的角度有效预设问题,教师可以采用以下策略。

一是精心设计问点。老师们总结出了如下方法：①抓住教材主线，设计好主问题。主问题的架构需要非常清晰，真正起到支撑整堂课话题主线和知识主线的作用。②了解学生，抓住学生的兴趣点提问。教师的提问，要有感情色彩，努力创造出一种贴近学生生活的、新鲜的、能激发学生求知欲望的境界，使学生的创造性思维火花得以迸发。③尊重学生认知规律，在"拐点"提问。根据学生的思维特点，课堂提问要由易到难，由简到繁，由浅入深，层层递进，这样才能达到理想的教学效果。教师巧妙设问，需要符合学生的认知规律，为学生接受新知识做铺垫，减缓思维的难度。④心系"创生"，在发散点提问。强调并重视求异思维、发散思维的训练，让学生尽量提出多种设想，充分假设，沿不同方向自由地探索和寻找可以解决问题的各种答案。训练学生的发散思维能力，丰富课堂生成，为培养学生的创新意识做铺垫。

二是课堂及时追问，搭建思维的阶梯。在恰当处及时追问，引导学生"跳一跳摘到桃子"，从而有效开发学生的最近发展区，提升学生的认知潜力，促进学生的发展。追问以疑问激起学生正确而深入地思考，对于引导学生深入思考、透彻理解课文内容，养成深思熟虑的思考习惯有着重要的作用和意义。如比热容是初中物理最难理解的概念之一，热量本身就很抽象，比热容是描述物质吸热本领的物理量，吸热本领就更难理解了。欧老师在这节课上，首先明确了比热容是用来描述物质的吸热本领的物理量，可什么是吸热本领呢？是不是吸热多吸热本领就强呢？弄清楚这些问题，先要明白物体吸热的多少与哪些因素有关。欧老师给出家庭烧开水的图片，烧开一壶水与烧开半壶水相比，谁吸收的热量多？把一壶水从 20 摄氏度加热到 50 摄氏度与把同样一壶水从 20 摄氏度加热到 100 摄氏度相比，谁吸收的热量多？你是通过什么比较他们吸热多少的？通过以上观察和得出的结论可知，要想比较水和牛奶谁吸收的热量更多，需要控制它们的哪些物理量相同？就这样，一个问题接一个问题，环环相扣，学生难以理解的概念在一连串的追问中变得简单了。

三是留足思考空间，并及时给予评价。问题提出后，应给学生足够的思考时间，使学生的思维真正动起来，才能生成解决问题的方案。学生回答问题后教师要及时给予客观的、鼓励性的评价或必要的指引，让学生在思考和解决问题的过程中体会到成功感,进而激发学生养成积极思考、勇于表达的品质。

四是在"冲突"中设计问题。物理组的老师们认为,提出概念后,学生要通过生动的实验对概念进行理解和深化,这样的实验活动课需要以提问为桥梁,让学生在实验的"冲突"中,通过回答教师的提问加深对物理概念的认识,并进行有效内化。他们在教学八年级上册的《科学探究:平面镜成像》时,设计了如下内容:

(一)活动

要求学生在大平面镜前和小平面镜前观察自己的像,提出平面镜成像的概念,并提出问题:

1. 人或物体在镜中的像的形状、大小跟原物一样吗?

2. 人或物体在镜前移动时,镜中的像怎样移动?

3. 镜中的像是否能和小孔成的像一样呈现在光屏上?

(二)实验探究

让学生交流讨论:

1. 提出问题:我们生活中用的镜子是平面镜,平面镜成像有什么特点呢?具体地说就是像的位置有什么特点? 像的大小有什么特点?

2. 探究指导:要探究平面镜成像特点,必须解决好以下几个问题:

① 我们虽然可以看到物体在平面镜里的像,但如果在平面镜后面仿制一块光屏(白纸),屏上不会呈现物体的像,因此我们无法用尺子去测量像的位置和大小。怎样解决这个问题? 为此,你选用什么样的"平面镜"?

② 如何确定像的位置?

③ 如何比较物到镜面的距离与像到平面镜的距离关系?

④ 如何比较物像的大小、形状的关系?

⑤ 怎样观察物与像的左右关系?

⑥ 怎样通过实验判定像的大小与物到镜的距离是否有关?

实验是物理学科的基础,因而在物理课程的学习中,有不少需要学生动手操作的验证性或探究性实验。但是,如果按照传统的教学方式,学生往往只是在机械模仿中完成这个实验,并没有太多的主动思考与探索,更谈不上在问题解决的过程中深入理解概念。

鉴于这种情况,老师的设问就显得尤其为重要。教师的提问若能做到指向明确,又给学生留有学习空间,就能让学生在问题的指引下充分展开实验探究过程。在整个教学设计中,老师充分考虑到了这一点,每个问题力求清晰而有深度。根据这一想法,课堂中的探究实验就在一个又一个问题的驱动下逐步展开了,学生对原本没兴趣的知识点变得越来越有兴趣,总体效果不错。

五是在学科与生活的"桥梁"处聚焦有效问题。如袁老师在《平面镜成像》一课中,让学生回忆生活中有关平面镜的经验,说出平面镜成像的特点。有的同学回答:"平面镜成像的清晰程度与平面镜的材质有关。比如玻璃的镜子就比金属的镜子清晰。""平面镜成像清晰度还与光线有关,光线越亮的地方成像越清晰。"……学生把平面镜成像的特点,错误地与像的清晰程度相联系。针对这种情况,袁老师重新整理了自己的问题:"同学们在生活中每天都会照镜子,有关镜中的像和镜外物体的大小关系你有什么猜想? 并尝试用你的生活经验为你的猜想提供佐证。"这样一来,同学们的思维方向就被引导到像与物的大小关系上来,整个课堂非常聚焦。有时候学生提出的问题是散乱的,是天马行空的,但课堂教学一定要有条理,有逻辑,这就需要老师对学生提出的问题进行梳理、聚焦。以《乐音的三要素》一课为例,全班 47 位同学看完微视频后,反馈回来的问题有 53 个。这些问题有些是重复的,但大多数并不相同。周老师在上课前把问题分为四类,分别是"响度类问题""音调类问题""音色类问题""拓展类问题"。老师不再疲于奔命地为学生一个个解决问题,而是一次解决一类问题。一些和本节课内容无关的问题,老师可以下课后和同学单独沟通或通过论坛回帖解决。聚焦后的问题能正确指引学生思考的方向,使课堂更加凝聚和具有逻辑性。这样的问题才富有生命力,才会使课堂更加高效。

六是精炼规范地表述"问题"。如在《欧姆定律》一课中,有同学得出结论:

生:电压随电流的增大而增大。

师:哪里的电压? 哪里的电流?

生:电阻 $R_1$ 两端的电压随通过 $R_1$ 的电流的增大而增大。

师：电压和电流谁决定谁呢？

生：通过 $R_1$ 的电流随 $R_1$ 两端电压的增大而增大。

师：电压增大多少？电流呢？

生：当电压变成原来的 1.5 倍时，电流也变成原来的 1.5 倍。

师：那这种倍数关系能不能用一个数学上更加精炼的词语来表达呢？

生：通过 $R_1$ 的电流与 $R_1$ 两端电压成正比。

师：如果用小灯泡做实验，正比关系还成立吗？

……（实验中）

生：不成立，虽然也都在增大，但并不是正比关系。

师：你知道为什么吗？

生：因为小灯泡灯丝的电阻在随温度发生变化，而定值电阻没有。

师：那你能把刚才得出的结论完善一下吗？

生：当电阻不变时，通过一段导体电流与导体两端的电压成正比。

学生第一次得出的结论与最终的结论相差甚远，老师并没有急于否定，而是通过一个个小问题不断引导学生进行自我修正，自我修正的过程也是学生对概念加深理解的过程。这是本节课最为精彩的一部分。

老师们还从心理学的角度研究了如何保障提问的有效性，优化提问的情感氛围，激发学生的思维兴趣，力求使学生从如下三个方面获得发展。

首先，自觉确立强烈的学生主体意识和"问"为"学"服务的提问观。设问既要考虑怎样教，更要考虑学生怎样学，把为学服务作为设问的出发点，使设问成为实现"学为主体"的保证，让学生享受到自主探究、思考和发现的乐趣。

其次，提问要面向全体，尊重学生的个体差异。提问活动是全体学生同教师的信息交流，提问要面向全体学生，应该有针对各种层次水平的提问，不能出现"遗忘的角落"，要让所有学生都感受到教师的关注、期待，培养所有学生的积极参与意识和强烈的竞争意识，从而营造出主动积极的集体思考氛围，转而推动每个学生更主动地进行思维活动。

第三，提问要注意趣味性。根据学生好奇、好胜的心理特点，向学生提出一些新颖、富有吸引力的问题,可以刺激学生的好奇心、好胜心,激发学生的学习兴趣,而激发学生积极思维的最佳策略,便是激发学习兴趣。

第四,问在"最近发展区",引发学生思维激情。提问要与学生的智力和知识水平相适应。过易的问题,学生不感兴趣;反之会使学生感觉高不可攀,丧失信心。现代教学论认为:提问最好问在学生的"最近发展区"。"最近发展区"的问题,具有一定的思考性和挑战性,将学生思维推向"心求通而不能,口欲言而不达"的愤悱境界,在学生大脑中形成一个个兴奋中心,促使学生最大限度地调动相关旧知积极探究和解决新问题。

### 3. "有效问题"的评价要点

不少老师认为,评价"问题"的有效性,可以关注如下内容要点。①实现预设的教学目标。实现当堂课预设的教学目标,是检验一切教学手段是否有效的重要标准。没有促进教学目标达成的任何策略与方法,就谈不上所谓的课堂有效性。②具有实践挑战性的思维训练。教师的提问应当起到启发学生思考的作用,让学生经历思维挑战和持续发展的实践过程。③促进有意义的内容生成。如果教师的提问只是换来学生不假思索、异口同声的回答,这样提问的有效性肯定是值得怀疑的。④驱动学习过程的持续发展。教师的课堂如果以问题为引导,环环相扣,循序渐进地实现了课堂教学目标,这样的提问就能提高课堂的有效性。

英语组的老师们还总结了研究"有效问题"的发展梯度,初一备课组针对"听说课型"进行了问题有效性设置的研究;初二则专注"阅读课型";初三在前两个年级的基础上有针对性地开展了"各种复习课型"、"写作课型"以及"中考专项训练课型"的研究。在大致划分研究阶段的前提下,各个备课组牢牢抓住"阅读课有效问题设置与核心素养生成"的研究主题,不遗余力地为"英语学科核心素养"和"学生创生性学习能力"而努力。为了让研究落地,备课组内将问题再次细化,拟定出更具操作性的问题链。以听说课为例,研究的问题链为:"引入部分"的问题设置(图片? 影片? 对话? 师生对话?);"词汇学习"的问题设置(听前教还是听中教? 标准是什么? 练习过手的问题设置? 考察掌握情况的问题设置?);"听力活动的问题"设置(正误判断? 句子填空? 表格填空? 回答问题?);"口语展示"的问题设置(课本原剧表演？实际生活问题表演？口头作文？)

由此可见,在清晰的问题链的引领下,老师们都能迅速找到自己最大的研究兴趣点抑或是课堂亟待改进的着手点。经过一个月左右的尝试以及老师们相互听课的点评建议,备课组总结提炼出了较为成型的具有示范性的组内示范课,参照示范性课,老师们在自己的实践中加以验证、创新、再验证,形成了不同课型的有效设置与解决问题的教学模式。可持续的英语组课堂研究模式既已形成了。

## (二) 开展常态课例研究,细化不同课型的"有效问题"设置策略

英语组的老师们在常态课例研究中,运用了上述成果。如罗老师在教学八年级下册 Unit 4 Go for it 长篇阅读时,巧妙地以"有效问题"引发了学生高质量思维活动和问题生成。这篇文章描述了一位北大女毕业生 Yang Lei 到甘肃一个贫困山区做志愿者教师的故事,故事结尾是 Yang Lei 在甘肃某县高中当了一名数学老师。

在完成对文章的基本阅读后,老师对学生提出任务:"假设你是一位记者,你正在采访 Yang Lei,你会问哪些问题?"

短暂思考后,孩子们的交流便开始了。

S1：Why did you choose to be a volunteer. Didn't you think of studying abroad ?

S2：Were you not afraid of the hard life there?

S3：Did you feel lonely sometimes?

S4：How did you help open up the children's eyes to the outside world?

S5：Are you married now?

S6：I really admire you. How could you decide to do that?

S7：Will you stay in Gansu all your life?

S8：Did your classmates laugh at you?

S9：How long did you study at school and do you think some of the children here will be successful in the future?

S9：Did you miss your parents? And what did your parents worry you most?

S10 Why did you want to go back? You didn't want to work in Beijing?...

当同学们尽情表达疑问时,老师将问题的关键词书写在黑板上,为接下来的"假设你就是 Yang Lei,你会如何回答这些问题"活动做好准备。

细细品味孩子们的问题,这不就是大众价值观与志愿者精神的碰撞吗?当孩子们将心中的疑虑一一说出,并在接下来的环节以"志愿者"的身份拷问自己心灵,给出想象中 Yang Lei 的回答的时候,这篇文章所要传递的朴实无华、温润隽永的志愿者精神,不是已经一点点地渗透到孩子们的思想里了吗?

作为教师,总是期待着能在"有限的课堂"与"无限的学习资源"之间找到一种连接,希冀着课堂里的孩子们能在课余校外主动深入地广泛学习。陈老师在教教学 Go for it 九年级 Unit 13 Restaurant science 一课时,在完成对课本阅读材料的解读之后,她展示了 Google 公司布局的几幅图片并请同学们讨论"What do you think of the science in their office designing?"面对 Google 如此标新立异的室内装饰,孩子们很兴奋。利用 iPad,孩子们迅速检索查阅了更多关于 Google 甚至是其他世界顶级公司的装修布局,并发表了内容丰富的意见。这样的后续学习远远超越了课本里罗列的简单的数据。孩子们最终收获的应该还会包括心理学、人性化和企业文化等,这些将成为他们素养的一部分的更多的东西。

基于"核心素养"的课堂是学生的课堂,所有的问题设计都要求老师站在孩子的立场,以孩子的视觉来寻求最能激发其求知欲、探索欲的冲突点。初中孩子,特别是初一、初二年级的孩子,对于卡通、游戏等虚幻的世界尤其具有新奇感。因此,在问题设计时,英语组的老师们也常常利用类似的虚拟场景制造冲突,形成问题。张老师在执教 Go for it 八年级上册 Unit 12 What's the best radio station? 3a 时设计了这样的问题:面对一个朴素短小的阅读材料,作为初二的学生,在认真阅读20 分钟以后,仍然能够全神贯注的同学数量是有限的。这时,老师创设了一个虚拟的问题情境。"好莱坞最受孩子们欢迎的辛普森一家人来到了 Green City,他们每个人有着不同的需求。孩子们,去读一读他们的要求并给出你们的建议吧!"在这个虚拟的片段里,孩子们带着纯粹的兴奋、简单的快乐,运用他们正需要巩固的"利用形容词的比较级谈论偏好、进行比较",完成了补充阅读材料带来的巩固深入学习。

所有教育的目的都应该是教会学生解决问题。让孩子们带着愉悦的心绪"用语言做事情"——做他们最喜欢做的事情,这是真正的英语学习,这也是以培养学生核心素养为目的的英语课堂的价值观。

除了迁移运用规范性课例研究的成果外,英语组还进行了科学有序的常态课例研究,在常态课例研究中探索出了不同课型的"有效问题"的设置策略。

### 1. 复合听说课"有效问题"的设置策略

英语组的任老师在常态课例研究中,以八年级下册 Unit 5　Section B 听说课教学为例,做了如下探讨:

Step 1. Revision.

1. What problems will you think about when you plan a party?

2. If you plan your own party, what will you do first?

3. Pair-work：If I . . , I will . . . ／ If she . . . , she will . . .

引入部分的"brainstorming(头脑风暴)"的问题紧扣该课主题,一方面引入话题,另一方面培养学生的发散性和创造性思维。

Step 2. Lead-in.

1. Picture discussion.

2. Guess：Why is the agent talking to Michael in his office?

听前对图片的讨论作用明显：帮助学生对即将要听到的内容做好准备；"Guessing 猜测"活动设置也是开放的,有助于培养学生的创生性学习能力。

Step 3. Listening practice — Conversation 1.

1. Listen and check your guess.

2. Discuss：What will you say if you're the agent?

3. Listen and write down the advantages.

4. Listen and write down Michael's responses.

5. Check by role play.

第一遍听力活动后的问题设置注重了学生的学力差异,为学生搭建了"脚手架"；要完成第二问,同学们需要对信息进行重组,通过"转换信息"培养创新能力。

Step 4. Listening practice-Conversation 2.

1. Discussion：What will Michael do next? Did his parents agree?

2.  Listen and check if his parents agreed.

3.  Listen and write down Michael's responses.

最具思维含量的第一问为学生发散性思维提供了空间；充分发挥想象，强化利用目标语言是最为有效的问题设计。

Step 5．Debate："ShouldMichaeljoin the lions?"

1.  3 minutes to put together your ideas.

2.  3 minutes for free debates.

自由辩论为所有同学打开思维的翅膀；快速思考/自由发言/相互倾听/思想交流，为孩子们的团队交互学习提供了最好的空间。

Step 6．Group work：A family meeting.

1.  Requirements：a decision to discuss，persuade，make a final decision.

2.  Roles：a teenager，a father，a mother，another family member.

3.  Don't forget to use the helpful sentences.

Step 7：Conclusion：It's important to make the right decision at the right time. Prepare the best of you for the best of the world.

最后的一个大问题回归生活，让孩子们利用所学讨论身边发生的问题，为学生的思考与表达提供了广阔的思考与表达空间。

任老师的这节课以"明智地做决定"为主线，将课堂中的孩子与课本中面临艰难抉择的孩子 Michael 联系起来：对他所处的困境产生兴趣、表示理解、积极应对、合理建议，产生了良好的共鸣。任老师将整篇学习材料极为精巧地串连成了一个个引人入胜的生活故事，同学们随着故事的深入，思维不断被激活，语言产出生动丰富，活动精彩分层，在激烈的争辩过后，同学们在思考中悟出：在正确的时间，我们必须作出正确的决定。这节课的亮点包括：对文本材料主题的挖掘；对文本材料的精致巧妙使用；各环节主问题的巨大创生空间，为在听说课中如何有效设置问题提供了示范。

## 2. 复合写作课的"有效问题"设置策略

英语组的罗老师以九年级 Unit 3 Rules Around Us 写作教学为例，探讨了复合写作课的"有效问题"设置策略。

I. Skimming（浏览）

What is the passage mainly about?

It's mainly about different opinions on school rules.

对段落中心意思的归纳，可以帮助学生领悟到文章务必围绕一个主题行文；基于文本初步理解基础之上的文篇大意归纳，是具有思维含量的好问题。

II. Scanning（寻读）

1. The passage can be divided into <u>four</u> parts.

2. What is the function of each part?

The first part is the topic sentence.

The second part tells about different opinions about school uniforms.

The third part tells about different opinions on studying in groups.

The fourth part tells about the writer's opinions about vacations.

范文实际上是一个整的并未分段的段落。引导学生将整体进行合理的拆解，可以帮助他们学会如何在一篇文章中有序陈述自己对事物的见解。

3. Fill in the chart below.（填表）

| Items | Teachers' ideas and reasons | | Students' ideas and reasons | |
|---|---|---|---|---|
| Uniforms | should | concentrate more on study | look smart / wear our own clothes | feel more comfortable / design by ourselves |
| Group study | should not | get noisy | a good idea | learn from each other |
| Vacations | / | / | should be longer | a chance to experience more different things like volunteering |

此处的问题与学习任务设计，旨在引导学生将矛盾双方的观点进行归纳对比呈现，学会梳理观点表述的清晰脉络。知识框架的梳理能力是整体把握内容框架，从整体入手设置有效问题的重要内容，教师不遗余力地利用不断推进的问题，设置学习活动将这一重要能力的培养落到了实处。

III. Ponder and Share（思考及分享）

What are the most useful expressions we have learned in the passage? Can you use the expressions to talk about our own life?

We have to ...

The problem is that ...

We think young people should ...

So we would like to ...

Our teachers believe that ...

If we..., we would ...

It's also a good idea for ... to ...

引导学生归纳梳理文本中最有用的表达方式,实际是帮助他们找出最有助于增大词汇量的预制语块。在特定的语用环境中,语块很容易被学生理解和记忆。同时通过使用目标语块谈论自己的生活,学生对语块进行了及时、鲜活、有意义的再创作,学习效率极大提升。快速梳理目标文篇中的重点目标语言也是归纳能力的体现;将目标语用于学生自由表述自己对实际生活话题的观点,是学以致用,有利于提高学生运用已有知识解决现实问题的能力。

IV. Retelling

With the help of the chart above, retell the main idea of the passage.

根据拟出的文篇提纲复述出文篇大意,需要同学们归纳总结,提高发散思维能力。

V. Talking

What do you think of the things discussed in the passage?

借助文篇话题,留给孩子们发表自己意见的空间,一方面给孩子们的写作内容以提示,克服写作前的恐惧;另一方面也为孩子们多种能力的发展提供足够空间。

VI. Pondering

How important are rules? What will happen if we break the rules?

跳离文本,设置更加抽象话题对"rules 规则"的讨论,以此激发学生的参与欲望,引导学生积极思维,这一具有认知冲突的情境,可以更好地调动课堂互动氛围,形成共同解决问题的活力。

VII. Use the Expressions above to Discuss the Questions in Groups.

a. What rules do we have at our school?

b. What are they rules that you like most? Why?

c. What school rules do you think need to be changed? Why?

| Members | Favorite rules and reasons | Bad ideas and reasons |
| --- | --- | --- |
| | | |
| | | |
| | | |

这两大问题的设置，意在引导学生在探究和解决问题的过程中领悟方法、学会知识，发展能力，主动完成认知结构的构建过程。

VIII. Information Exchange and Noting（信息交流及记录）

Each group chooses a representative to report the opinions of the group members. Meanwhile the teacher takes notes on the blackboard.

老师引导学生在笔记中分类记下有用的表达方式：

For or against

Keep quiet

For：good manners/ a good place to study / concentrate on study

Against：too much pressure / boring

Do exercise

For：keep in good health / be athletic / not play computer games

Against：tiring / get cold / feel sick

School uniform

For：not compare with others / concentrate on study

Against：make decisions by ourselves / have our own choices / not children any more

老师引导同学们各抒己见，并将"集体创生"的智慧成果以提纲的方式归纳呈现，帮助英语基础不好的学生克服对写作的恐惧，也为每一位同学的写作带来无数灵感。

智力、思维缺乏中介无法发展。智力、思维的发展是在掌握运用知识技能解决问题的过程中完成的,罗老师在这一课型中的问题设置,为复合写作课如何提出有效问题提供了范例。

**3. 主题复习课的"有效问题"设置策略**

英语组的王老师以"People around us"主题复习课为例,探讨了主题复习课的"有效问题"设置策略。

● Warming up(热身活动)

播放有关孩子们自己以及同伴在目前所在学校的学习、生活等情况的短片,让孩子们有一定的情感铺垫,为整堂课的主体构架创设一个有声有色的"前奏"。

Watch a short video about our school life.

● Journey of exploration(探索之旅)

I. Appearance and personality

让学生了解并区分描述人物外貌特征和性格特征的不同表达,为接下来的小组活动做好给力的铺垫。

Station One:Ask students to circle the words and phrases about people's appearance and underline the words and phrases about people's personality. 圈出描述人物外貌的词语,在描述人物性格特征的词语下面画上横线:

short  smart  heavy  weak  active  good-looking  strong  thin quiet ugly

loving energetic athletic  outgoing  knowledgeable  foolish  creative

be worried about  be of medium height  have long curly blonde hair

be friendly to

be of medium build  be serious about be strict with

★ More words/phrases about appearance:

★ More words/phrases about personality:

Station Two:Ask students to choose a person in our group and then talk about his or her appearance and personality .

II. Hobbies (把有关谈论偏爱的几个短语分析透彻,联系中考知识点是此环节的重点)

Lead students to think about phrases to describe about hobbies and write them down .

Verbs：like，love，enjoy

Phrases：like … better like … better, would like to … rather than … would rather … than …

III. Clothes

(把有关谈论穿着打扮的几个短语分析透彻,联系中考考点,有侧重地评讲巩固练习是这一步骤的关键。)

Station One：Help students write down many words or phrases to describe about people's clothes.

Nouns：T-shirt, skirt, sweater, socks, shoe …

Verb phrases：put on, dress, suit, put on , be in, try on …

Station Two：Lead students to choose the words below to complete the sentences correctly.

fashion, put on, in, try on, wear, with, dress,

1. Do you know that man in blue with a pair of glasses?

2. When I was a small child, I was so young that I couldn't dress myself.…

(此处省略部分题目)

IV. Influence.

(该步骤涉及到的动词短语很多,且都是中考考点,评讲时要针对学生所造句子的具体情况做出快速判断,为求点评到位)

Station One. Ask students to share their own experiences that parents helped them out when they were in trouble.

Station Two. Ask students to choose at least three words or phrases given to write the experience that others helped them out when they were in trouble.

● I'm able to solve the problem (我能解决问题)

Organize students to write an article with the title which has been given. Be sure to make all students know the writing requests followed:

1. Complete the title.

2. The article should include the person's appearance, personality, hobbies, clothes and influence on you.

3. The article must have about 80 words. "A person"

● Evaluation（评估）

Complete the conversation according to the meaning.（此处省去教师自编对话）

● Supplementary learning materials（补充学习资料）

A person who has a good influence in my life.（此处省去教师自编文本）

本课以谈论身边人物为中心话题，以如何描述人物的外貌、性格、爱好、穿着打扮、对别人的影响以及综合写作等为主线，以精心设计的十个主问题为依托，以"创生型"学案为载体，以中考为标高，让学生全面系统地复习和巩固了谈论人物的相关知识。针对攻克"简单重复""枯燥乏味"，达到"知识融会贯通""综合技能提升"的复习课目标设计和解决问题，本课做了很好的尝试。

## 二、巧妙追问——在追问中引导学生学会解决问题

成都七中初中学校地理组以人教版七年级上册第三章《天气与气候》中第二节《气温的变化与分布》为背景，以优化课堂提问为主题，通过规范性课例研究，对地理教学中的"追问"进行了探讨，然后将其运用于日常课堂教学中，并通过教研组内不断的反思和总结，在日常教学中加以改进，实现了地理课例研究从规范到常态的转型。

### （一）课堂追问的难点聚焦

在进行规范性课例研究前，地理组的老师们在追问什么和如何追问等方面进行了充分研讨，达成了如下共识。

一是核心问题需要追问。随着课例研究的推进深入，老师们越来越明确地意

识到，一堂课光靠几个主问题来支撑，显得过于理性和单薄，课堂的生命、课堂的活力、课堂上的师生对话，更多地应体现在课堂环节的细微之处，如独具匠心的导入、生活化的情境创设、核心问题的一系列追问等。追问是沟通师生思想认识和产生情感共鸣的纽带，是激发学生积极思考的动力。地理组的老师们认为，在地理课堂教学中，追问是"培养学生的学习兴趣、学习能力、创新意识和实践能力"的重要教学手段，是提升思维品质的云梯，是开启学生智慧之门的钥匙。对于教师自身的专业化发展而言，如何巧妙设计追问，也是教师培养创新思维能力的重要途径。

二是追问存在诸多困惑。教师在教学中都注重提问，但很多时候，课堂提问和对学生的关注仅浮在表层，缺乏深层次的追问，没有将学生的思维带进"更高处"。有时，学生的思维火花刚刚闪现，又"被"拖入了下一个环节，该观察的没观察好，该记录的没记录完，该交流的没交流够，该思考的没思考透，该提升的没提升起来。课堂教学中，学生刚燃起的思维火花被教师正确的答案遮盖，思维立即被关闭，教师没有深入追问，而是以自己的预设或"正确观点"结束问题，影响了课堂教学的思维创生和解决问题的效果。

三是追问难点需要聚焦。在上述认识的基础上，地理组的老师们认为，强化追问的教学设计应融入这样的理念：让问题更开放些，更深入些，更"简单"些。让更多的问题接近和聚焦学生的思维"最近发展区"，成为学生"跳一跳就可以摘到的桃子"。在地理组的课例研究中，老师们力求解决以下问题：如何在关键点上设计追问，通过追问突破重难点？如何构建多样化的追问方式？并将多样化的追问聚焦在关键点上？如何跟踪追问、逆向追问、因果追问、互相追问？如何关注追问对象？如何设计有梯度的追问，让更多的学生参与到课堂学习活动中来？这些成了地理组的老师们在课例研究中最为关心的问题。

## （二）课堂追问的难点突围

地理组的老师们带着上述共识，以"巧妙追问与核心素养培育"的规范性课例研究为手段，开始了课堂追问的突围之旅。

地理组的老师们认为，地球上气候的复杂性决定其教学具有较大难度，在地理课堂中，气候部分是一个重难点。在众多教学案例中，对气候成因分析的例子却并不多见，即使教学这部分内容，更多老师也愿意选择比较容易处理的第一课时"气温的变化"。《气温的分布》是《气温的变化与分布》这一节的第二课时，七年级学生初次接触世界年平均气温的分布这一专项地图，对学生的识图能力是一个重要考验；同时，学生还要通过等温线分布来分析影响气温的因素这一比较抽象的知识，这更需要学生在识图的基础上具备对图像的综合分析能力。

本课的几个主问题很清晰，即对等温线的认识，影响气温的三个因素——纬度位置、海陆位置和地形。教学关键在于教师如何引导学生通过生活经验及如何阅读地图达成认识，围绕主问题设计出有价值的连串追问，并以连串追问为铺垫，引导学生一步步突破思维障碍，找出气温分布的规律，进而分析出影响气温的三个主要因素。

如果学生能在老师引导下比较好地完成对《世界年均温的分布图》的阅读和分析，在学习后两节内容《降水的分布和变化》与《世界的气候》时，对"世界年降水量的分布""世界气候类型的分布"等地图的阅读，也可以尝试用类似的方法来进行。对影响气温的三个因素的分析，也可以延展到对影响降水和影响气候的因素分析。

第一次试教时，老师们将学习目标确定为："让学生识别等温线，并通过阅读和分析世界气温分布图，了解气温的分布规律及影响因素。"为实现这一目标，地理组的老师们拟引导学生在世界年均温分布图中描绘几条重要等温线，依次填写等温线的度数，与纬度相对比得到温度的纬度变化规律；再由学生在描绘过程中遇到的困难，追问学生等温线图上为什么会出现大量弯曲，从而引导学生观察图中出现明显弯曲的地方，归纳出它们的共同规律，找出影响气温变化的另外两个重要因素。

依据以上思考，这次课的主要教学环节设计为：学生读图→学生绘图→教师追问→归纳小结→链接生活。

第一环节：学生通过实时气温预报图识别等温线。给出前一天中央气象台网站上发布的第二天全国最低气温预报图，让学生读出哈尔滨、北京、成都、广州、海口五个城市的气温值。学生要准确读出温度必须识别等温线，由于学生具备了等高线的判读知识，此处能够进行合理的知识迁移。

第二环节：在世界年均温图上描绘几条重要等温线。识别了等温线后，缪老师布置学生在世界年均温图上描绘出从－10℃到20℃的几条重要等温线。描绘等温线的目的,是让学生通过描图发现等温线与纬线的关系,通过描图发现等温线的弯曲,并思考其原因。

第三环节:教师提问:通过描图,你发现了什么? 此处是课堂的关键环节,又是学习的重难点,所以设计了一连串的追问:(1)气温的分布明显受纬度影响,是不是只受纬度影响呢?(2)若只受纬度影响,等温线应呈现什么特点?(3)与纬线不平行,那会发生什么呢?(4)弯曲的分布是否有一定规律?(5)南北半球哪个半球弯曲更明显?(6)你能解释南半球等温线比北半球平直的原因吗?(7)为什么陆地上也会出现弯曲呢,能不能在图上找出一条封闭的零度等温线? 此处通过这样一连串难度不大的提问,引导学生进一步仔细阅读地图,分析出导致等温线出现弯曲的两个重要原因。该部分实录如下:

> 师:同学们已经在图上描绘了几条重要的等温线,我想请一位同学来指读《世界年平均气温分布图》,告诉我们等温线的弯曲部位出现在哪里?
>
> 生:大家请看这些海洋部位,基本上是同一个温度,所以海洋不必考虑。然后就看陆地,从海洋接近陆地的地方就开始发生弯曲,说明陆地上和海洋会对气温产生不同影响,所以……
>
> 师:同学们请注意观察南半球的10℃和0℃的等温线,是不是比较平? 而其余的等温线弯曲比较厉害,请问为什么呢?
>
> 生:因为南半球海洋面积广大。10℃和0℃等温线几乎没有碰到陆地。所以等温线比较平直。
>
> 师:就是说同样纬度的情况下,陆地和海洋即使接受同样多热量的情况下,气温是不一样的?
>
> 生:是的。
>
> 师:除了陆地与海洋交界之处的等温线会弯曲外,陆地上的等温线还会出现多处的弯曲,又是什么原因导致的呢?
>
> 生:我觉得应该是地形原因。

第四环节:师生共同归纳、小结。通过以上追问,师生一同归纳出气温分布的规律:由低纬向高纬逐渐降低;同纬度夏季陆高海低,冬季相反;气温随海拔升高而降低。当然也明确了影响气温的三大主要因素是纬度位置、海陆分布和地形。

第五环节：生活链接。将所学知识运用到生活，分析"人间四月芳菲尽，山寺桃花始盛开"、"哈尔滨的冰雕与广州的花市同时出现"等生活场景，体会生活处处皆地理。

这节课虽然逻辑清晰、要点明确，但大量追问指向不明确。教师问题设计较多，试图从多角度引导学生思考；但学生虽有思考，却都是在老师的强力控制下进行。由于大量课堂追问缺乏现实情境，学生思考显得被动，回答问题谨小慎微，不敢大胆猜测。同时，本节课的追问过多且比较随意。老师虽然精心设计了追问，但学生并没有完全按照老师预先设计的思路和顺序回答，教师对课堂生成未能很好处理，在几个地方出现了比较明显的"怎么样"、"是这样吗"等随意性较强的追问，没给学生思考时间，形成了自问自答的尴尬场面。

在第一次研讨的基础上，教师重新设计了学生活动，设置了两处贴近学生实际的问题情境，希望通过这样的设计，调动学生主动思考、主动读图的积极性。根据这一设计思路，课堂活动有了一定变化。

一是用气温预报图引出等温线。为了提高学生兴趣，在导入处增加了当天的天气预报环节。当学生兴致勃勃地播完几个重要省会城市的天气时，随后出现一幅带等温线图的当天全国气温预报图。这时学生会觉得突兀，不知如何继续播报。这就会让学生产生主动了解等温线的阅读方法的愿望。学生经过阅读和思考后，结合前面已有的等高线知识，一般能够比较准确地判断出老师要求读出的几个城市的温度变化范围，并从中了解到等温线的基本知识。此处的几个追问设计如下：

问1：你是怎样判断出它们的温度范围的？——看颜色、看图例。

问2：你知道颜色是如何绘制上去的吗？——先有线，再在线与线之间绘上不同的颜色。

问3：你知道这些线叫什么线吗？——等温线。

二是设置情境，引导学生主动探究。在让学生分析气温的纬度变化规律时，教师没有让学生直接读图,而是在世界一月气温分布图上标出了教师精心选择的四个有代表性的城市:北京、莫斯科、新加坡、悉尼,让学生选择自己在一月的度假地。这样的设置激发学生主动观察图中四个城市的温度,并结合自己的生活经验主动分析问题,通过地图发现城市之间由纬度不同而产生的气温差异。这比让学生在教师要求下被动读图的效果要得多。在分析地形和海陆位置对气温的影响时,教师又给出了七月的等温线分布图,让学生选择七月是否愿意到拉萨和夏威夷度假,学生在选择的过程中会思考为什么这两个地方的气温,会与纬度相似的成都有较大差异,从而主动探索影响气温分布的另两个因素。这两处看似简单的情境,却很好地活跃了课堂氛围,激发了学生的思考。此处设计了如下追问:

主问1:如果在1月份,你有机会外出度假,只考虑气温因素,以下几个城市:莫斯科、北京、新加坡、悉尼。你会选择哪里?

追问1:你是怎样判断出每个城市的气温的?

追问2:你能据图说出从新加坡到北京到莫斯科的气温变化特点吗?

追问3:你能分析一下为什么气温会有这样的分布特点吗?

追问4:若是7月呢?请读7月气温分布图。

主问2:刚才说的是1月,如果变成炎热的夏季,也只考虑气温因素,以下两个地点会成为你的选择吗?夏威夷、拉萨?

追问1:拉萨的温度是多少?

追问2:拉萨与成都纬度相当,为什么温度差别这么大?

追问3:夏威夷是太平洋上的一个岛屿,位于北回归线附近,7月份的温度会比成都高吗?

追问4:夏季海边会比同纬度的陆地气温低,是什么原因呢?

课堂实录如下:

师:这是一幅世界一月平均气温分布图。标注了4个城市——莫斯科、北京、新加坡和悉尼。一月份是北半球陆地气温最低的月份,假设只考虑气温因素,让你选择去这四个城市度假,你会选择去哪里?

生:悉尼、新加坡。

师：好。我看同学们基本上选的是这两个城市。请给我一个选择的理由。

生：因为当时我们北半球气温很低，但从图上看，南半球的气温却是红色的，表示气温很高。如果这气温很低、那气温很高的话，我愿意去那个气温高的地方。

生：我们发现我们所处的北半球是个比较寒冷的地方，莫斯科就更不能去了。因为它在我们的北方。新加坡和悉尼相对暖和，可是我看到新加坡的气温在20℃至30℃之间，特别热，跟夏天一样，所以我选择悉尼，它应该是在10℃至20℃之间。

师：好。你怎么看出它在10℃到20℃之间呢？

生：因为悉尼在澳大利亚境内。悉尼下面有一个很小的黄色的部分。黄色的部分在图例上是10℃—20℃之间。

师：为什么大家不选择其他两个城市呢？能不能把这两个城市的温度范围写出来。

（学生开始填写，教师巡视。）

师：大家从不会读图到会读了，证明我们对等温线的认识还是有进步的。同学们继续观察这幅图，你能说出从新加坡到北京到莫斯科的气温变化规律吗？能不能告诉我们，一月份从赤道往两极气温的变化规律是什么？

生：20℃、10℃、0℃、-10℃、-20℃……

师：我们刚才分析的只是一月份的情况，七月份是不是也这样呢？

（教师点击PPT，出现世界七月平均气温的分布图。）

师：不论一月还是七月，可以看出，气温有从赤道往南北两极气温逐渐降低的变化规律。同学们能不能尝试分析是什么原因导致的呢？为什么赤道气温高，越往两极气温越低？

（教师板书，学生讨论。）

学生到讲台指图：因为太阳的直射点只会在北回归线和南回归线之间移动，所以离赤道越近的地方常年的温度就较高，而在北极和南极离赤道较远，太阳不会直射在那里，所以南极和北极的气温常年就比较寒冷。

师：所以说从赤道往两极气温是逐渐降低的,这样的分布特点,是受纬度位置的影响导致的。

师：如果是在火热的 7 月,再给你两个地方选择,一个是拉萨,一个是夏威夷,你愿意去度假吗?

生：我愿意去拉萨,因为这个地方和其他地方比起来,气温相对要低一些。

师：你怎么看出来的?

生：颜色。

师：好,拉萨这个地方的颜色是不是明显不一样? 虽然纬度一样,但是它是黄颜色,它的温度怎么样?

生(齐答)：低温中心。

师：大家能从图中读出来拉萨日常温度很低,但是我的问题是：拉萨跟成都纬度一样,拉萨气温为什么会比较低?

生：因为拉萨在青藏高原上,青藏高原海拔高,随海拔升高,气温会降低。

师：这就告诉我们,气温的分布除了受纬度因素的影响,还会受到什么的影响?

生(齐答)：海拔。

师：海拔升高,气温——

生(齐答)：降低。

(师板书：海拔升高、气温降低——地形因素)

师：拉萨大家清楚了,那夏威夷呢? 这里七月气温高不高呢?

(教师切换PPT,展示拉萨、成都、夏威夷7月份的温度范围。)

(师播放视频：关于海陆热力性质的差异。)

师：好了,大家有没有结论了? 夏季的时候,可不可以选择到夏威夷度假?

生：可以。

师：为什么?

生：因为夏威夷受海洋的影响,夏季的气温会比陆地低。

师：夏季比陆地上气温低。冬季的情况应该正好相反。

师：所以去夏威夷应该也是一个很好的选择。

师：这就告诉我们，气温分布还要受到第三个因素的影响，什么因素呢？

生：海陆的分布。

（师板书：夏季陆高海低，冬季相反——海陆分布。）

第二次试教后，老师们认为此次追问较多，受学生回答问题的影响，部分追问在逻辑关系上不太清晰，对个别问题的反复讨论，使得部分同学在思考、总结时比较迷茫，要点不明确。在对影响气温的海陆因素和地形因素进行分析之后，没能将内容进一步落实到地图，缺乏对学生读图能力的进一步培养。这其实是因为教师在教学过程中缺乏关键性追问，引入情境并分析问题后，应通过适时的引导性追问让学生回归课本、回归地图。

经过前两次课的研讨，无论是上课教师还是观课教师，都对用主问题创设学习情境，用追问引导学生深入思考达成了共识。由此确定了第三次课的主要环节：

第一环节：天气预报，激发求知；

第二环节：图中设疑，主动探究；

第三环节：理性分析，落实到图；

第四环节：实践运用，回归生活。

根据这四个环节，地理组的老师们改进了"追问"。对追问的问题进行了再次梳理，除了逻辑更清晰之外，对学生可能出现的答案进行了更为充分的预设，使追问的指向性更明确。在分析完地形对气温的影响后，再次让学生将目光聚焦到世界年均温的分布图上，对照一幅世界地形图，让学生在图中找出更多地形对气温分布产生影响的实例。此处追问设计如下：

主问二：如果变成炎热的夏季，也只考虑气温因素，以下两个地点会成为你的选择吗？夏威夷、拉萨？

追问1：拉萨的温度是多少？

追问2：拉萨的气温较低，在图中看得出来吗？

追问3：成都与拉萨纬度相当，成都7月的温度是20℃—30℃，拉萨为什么明显低于成都？

追问 4：你还能找出其他地形对气温影响明显的地方吗？

小组活动：对照世界地形图，小组成员一起找，找到后将它圈出来，看哪组又快又准确。到讲台上进行讲解。

追问 5：地形对气温的影响是显而易见的。就如同学们夏天去登峨眉山，也得带上较厚的衣服，你知道峨眉山顶的气温一般比山脚下低多少度吗？

分析完海陆分布对地形的影响后，设计的追问与活动如下：

追问 1：海洋与同纬度陆地气温的差异在图中能看出来吗？
学生活动：分别在图 3.17 中描出南北半球 10℃和 0℃等温线。
追问 2：南半球的等温线比较平直，说明什么呢？

通过描绘南北半球的几条主要等温线，让学生发现它们之间的差异，从而明白海陆对气温的不同影响。这样既让学生联系了生活经验，也将知识落实到图上，进行理性整理。

在学生了解了影响气温分布的三个主要因素后，给出一幅中国等温线分布图，让学生分析成都与几个主要城市哈尔滨、海口、拉萨、上海之间气温产生差异的主要原因，让学生将当堂所学用于处理实际生活中的问题，既考察了学生对知识的掌握情况，也给学生一个展示学习成就的空间。

这次追问带来了许多惊喜。最后一个环节是考察学生能否学以致用，从老师给出的一幅中国气温分布图中分析成都与哈尔滨、海口、拉萨、上海等城市气温产生差异的原因。其中一位同学分析海口的温度高于成都，不仅有纬度原因，还因为海口靠近海洋。这说明学生的确做到了活学活用，不仅能准确分析，还提出了城市的气温不仅受一个因素的影响，还是多种因素综合作用的结果，这是令老师感到分外惊喜的地方。欧阳老师说：

"在教学过程中，缪老师通过层层递进的追问，引导学生从等温线图中发现了高海拔区域会出现低温中心，从而得出地形因素对气温分布的影响。由此及彼，再返回图上找出低温中心所在的高山高原地区，并最终用以解决生活中的实际问题，顺利完成了在地图上建构认知到在地图上解决问题的学习过程。"

通过三次课的研修,教学设计在不断发生变化,而执教教师的思路也逐渐清晰。由第一次就知识讲知识,就知识追问知识,到创设情境引导学生主动思考,让学生在解决问题的过程中逐渐探究出结论,并将其最终落实到地图上,让学生在地理课堂上真正感受到地理知识与生活密不可分,也逐渐发现了读图的妙处,增强了喜爱地图、喜爱地理的情感。

有层次、有梯度、逻辑清晰的追问设置,是培养学生解决问题的能力提升课堂效率,延伸学生参与广度与深度的重要途径。通过对教学的不断反思,教师在本课中逐渐树立了"创设情境→建构认知→分析运用"的教学思路,并取得了较为理想的效果。

追问,就是追根究底地问。它是教师针对某一内容或某一问题,为使学生弄懂弄通,在学生有了一定的理解之后再次补充和深化,穷追不舍地问,直到学生能够理解透彻。追问以疑问激起学生正确而深入的思考,引导学生"跳一跳摘到桃子",从而有效开发学生的最近发展区,提升学生发现问题和解决问题的潜力,促进学生发展。

本次课例研究中的追问,是指学生在教师预设的主要教学环节中,完成了基本的学习目标后,教师根据学生的学习情况进行有针对性的"继续设问",从而激发学生学习思维,促使其深入思考、不断探究。若想在地理课堂中真正实现师生互动、生生互动,促进学生不断创生出基于自身生活实践的新知识、新能力,离不开教师充满教学智慧的追问。在本次课例研究中,地理组的老师们总结出了创生型地理课堂中教师提问和追问设计应遵循的主要策略。

**1. 精心设置核心问题,为追问铺垫基础**

核心问题是创生型地理课堂的"骨架",是教学顺利开展的基础,也是"追问"产生的土壤。在本次课例中,为帮助学生借助等温线图分析影响气温分布的因素,缪老师设置了两大核心问题——认识等温线图的特征及规律;利用世界等温线图分析各地气温特点及产生的原因。

**2. 创设问题情境,引导学生建构知识体系**

缪老师的第三次课环节清晰:导入→等温线分析与判断→影响气温分布的 3 个重要因素:纬度、地形和海陆→运用。在重点部分"影响气温分布的 3 个因素"中,缪老师设置了情景,在特定的时期,会选择图中哪些城市度假。每次选择后,追问"选择的理由",由此帮助学生逐步构建知识体系。

**3. 精心锤炼教学语言,避免教师过多的随意性和重复性追问**

缪老师在第一次课中,有大量的提示问、选择问、是非问或自问自答,学生在学习过程中疲于奔命,难以应对,整堂课充满了问题,但问题质量较低,效果不佳。

**4. 关注学习过程,在预设性追问的基础上,重视课堂生成过程可能出现的追问**

教师必须预设追问,同时要根据学习者的实际情况灵活处理。这既是对教师原有问题的补充,也是对学生疑问的解读。在学习"纬度因素"时,缪老师设计了"选择 1 月到莫斯科、北京、新加坡、悉尼这几个城市中的哪个城市度假",预设的是新加坡、悉尼。但是,有一个孩子非要选莫斯科,当分析完选新加坡、悉尼的缘由后,缪老师追问"为什么选莫斯科?"孩子谈到要体验莫斯科 1 月那种天寒地冻的感觉,其实也落到了"纬度因素"。正是这句追问,激活了孩子们的思考,并巧妙地落实了知识。

**5. 用追问开启智慧,帮助学生质疑、创生**

在通过"选择 7 月到拉萨、夏威夷这两个城市中的哪个城市度假"这一情境分析海陆因素影响气温分布时,缪老师追问了如下一些问题:"选择夏威夷的理由是什么?""海陆气温的差异是怎样形成的?"这时,立即有学生意识到了海洋和陆地两种下垫面在夏季升温时会产生差异,并立即提出疑问:"海洋和陆地为什么在夏季气温会有不同?"小组内引发了讨论和辩驳,学生在教师追问下产生了新疑问,并努力探究以解决问题。通过合理、有效的追问,学生深入思考,并带着质疑开始了自主探究,课堂中的"创生"火花因此不断闪现。

连续三次规范性课例研究,地理组的老师们对"基于核心问题设计与解决的地理创生型课堂研究"这一课题,有了比较深入的思考和相对清晰的认识。他们通过课例研究提炼出了"创生型地理课堂"应具备的标准和特征——教与学均高效的课堂,教与学智慧不断生成的课堂。要达到这一目标,需要从教师和学生两方面入手——从教师层面看,应从问题设计进行突破:通过认真分析教学目标、学生学情,设置主问题构建学习活动;通过设置合理的"问题情境"进而创设学习活动,激发学生学习动机,引导学生体验、归纳、得出结论;通过适时精炼的追问关注学生学习过程,激发其智慧生成。从学生层面看,应通过学习卡的精心设计引领学生有效探究,通过营造学习共同体保障学生的合作学习。

### (三) 在常态课例研究中提高追问质量

在常态课例研究的活动中,地理组结合学科特点,突出了对课堂提问和追问的研究。通过学习研究,实践总结,他们提出了地理创生型课堂中教师提问和追问设计应遵循的思路与策略:设置核心问题——创设问题情境——预设性追问——生成性追问——创生。运用这一思路和策略,全组老师在常态课中注意了问题的设计,有意识地抓住课堂契机进行追问,从而避免了追问的随意性和重复性等弊端。下面是连老师将上述课例研究成果运用于常规课堂,在课例研究中逐步反思与改进日常课堂的思考与行动,在许多方面都有了新的突破。

#### 1. 未知的精彩——课堂生成处的追问

《气候与人类活动》一课的内容共分为三大板块:影响气候的因素,气候对人类的影响,人类活动对气候的影响。在教学设计中,连老师采用了"去哪儿?"这样一个核心问题贯穿始终,这个核心问题的深意在于,人类必须思考如何与气候、与环境和谐相处,否则我们将无处可去。然后创设了一个问题情境——为参加真人秀节目完成任务,这个情境不是只在引入新课或者某一学习活动中呈现,而是贯穿整节课,通过一系列的子问题,实现以问题驱动的,极大地调动了学生发现问题和解决问题的积极性。

| 核心问题"去哪儿" | 主问题 | 设计意图 |
|---|---|---|
| 爸爸去哪儿 | 影响气候的主要因素是什么? | 从时下最热娱乐节目《爸爸去哪儿》引入,激发学生兴趣并为影响气候的因素提供案例分析。 |
| 小伙伴去哪儿 | 气候对人类生产生活有哪些影响? | 学生角色扮演,进一步通过案例理解影响气候的因素并侧重于理解对人类衣食住行及农业生产的影响。 |
| 我们去哪儿 | 人类活动可以影响气候吗? | 学生举例,结合热点问题理解人类活动对气候的影响,树立节能减排等环保观念。 |

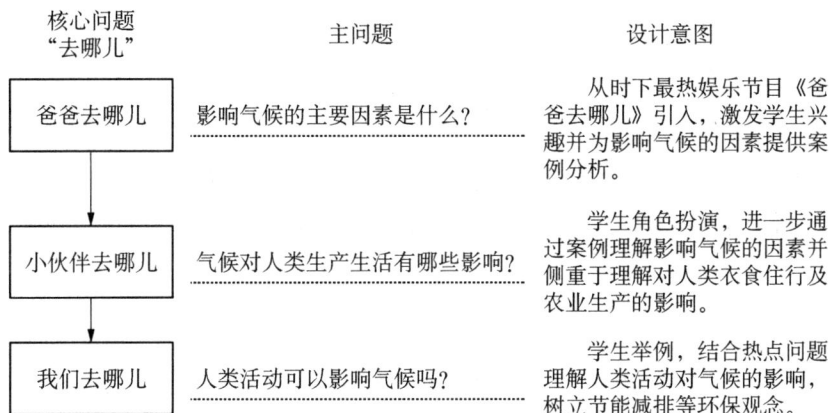

"小伙伴去哪儿"是整节课的重点问题,用以突破"气候对生产、生活的影响"这一学习重难点。连老师用参加新一届真人秀节目去曼谷、利雅得、伦敦、伊卢利萨特和一堆被摄影叔叔不小心打乱的这些地区的照片为情境,请小组合作整理属于同一个目的地的照片,在此过程中引导学生主动思考,为什么这些照片是同一个地点的,它们体现了当地怎样的气候等自然环境特征。在进行整理理由阐述和展示时,同学们需要将自己所观察到的图片景观与当地的气温降水曲线正确组合搭配,巩固和运用前面所学的气候特征的知识。

在小组的展示中,学生能否正确组合相关图片与气温降水图,并能言之成理是无法预设的。正是由于问题设计的开放性,在教学过程中,教师适时根据学生的回答、讨论、质疑等情况展开了生成性追问,在师生互动、生生互动的思维对话中,课堂呈现出了别样的风景。下面是本节课的部分实录:

1. 布置"小伙伴去哪儿"环节的小组任务——帮剧组摄影叔叔整理照片:

(1)根据照片上所提供的信息,将你认为是同一个外景拍摄地的照片整理到一起并说明理由。

(2)每组选择一个最想去的地点,结合当地气候,对照片进行介绍。

2. 抓住课堂生成细节进行追问,聚焦学生思维,引导学生质疑,在质疑中创生。

（1）某小组介绍泰国曼谷的高架屋

生：相信大家一定看过一部电影叫做《人在囧途之泰囧》，这个建筑就是在当时主角们遇上的一个建筑，所以这是泰国的标志性建筑。

师追问1：这种建筑除了在泰国有，其他国家或者地区有没有呢？

生：（组员补充）这种房子也像我们以前中国的河姆渡居民的建筑，还有云南西双版纳等地的建筑，还有傣族的竹楼这种。

师追问2：那么这种民居建筑是适合修建在什么样的气候、环境的地区呢？

生：（其他组补充）这个都是设计在经常下雨，很热的地区，为了防止被水淹，你刚建好一个房子，忽然哗就被水淹了，所以他们就把房子支起来高高的。

生：（补充）还有竹楼便于通风，高架便于防潮，离蛇虫这些远一点。

师：这个房子知不知道叫什么屋？

生：阁楼？……高架屋。

师追问3：那么有高架屋的地方一般是属于什么气候呢？

生（齐答）：热带……雨林气候，热带……季风气候。

师追问4：这个小组找的与之对应的气温曲线与降水量柱状图是不是正确的呢？是什么气候类型呢？

（对照查找了一下本组照片的归类，讨论了曼谷的气候类型。）

生：热带季风气候。

3. 抓住学生生成亮点进行追问，开启智慧，情感共鸣。

（老师故意在照片中混进了非洲乞力马扎罗山这一不属于任何一个活动目的地的景观图增加任务的难度，然后就这张照片对学生进行追问。）

生：这张照片应该是乞力马扎罗山，因为照片上面这一组指示牌上的英文写的是：非洲最高的山。

（师没有马上评价对错，而是继续追问。）

师追问：这座山的名字很多同学都没有说出来，你是怎么知道这座山的呢？

生：这座山在非洲，又是热带，又有草原，又有雪山，我在记录频道看过，是非洲的乞力马扎罗山!

　　师:(欣喜评价)大家听到没有? 好好学英语,多看记录频道!

　　生:(会心大笑)。

　　师生的开心不仅在于问题的答案本身,更在于该生回答的"乞力马扎罗山"背后,追问出了他获得地理知识的多种途径,积累地理知识的方法,使更多的同学由此受到了启发。

### 2. 逆向追问,丰富追问的问题解决能力培养和核心素养发展价值

　　在《地球和地球仪》一节中,教师对于"人类对地球形状的认识过程"的教学思路多是这样的:先介绍古人对地球形状的认识过程,从错误到正确再到准确,从天圆地方,天如斗笠,地如覆盘,再到猜测是球体及举例,再到环球航行,最后到现代观测,得出不规则椭球体这一结论,看似顺理成章,但是又太顺理成章,因为学生早就知道地球的形状是个球体,学生在此过程中根本就没有观察思考。

　　通过规范性课例对有效追问的研究,老师们设计了一系列问题去启发学生观察、思考,引导学生产生认知冲突,让学生在不断质疑、不断思考中解决问题。下面是部分课堂实录:

　　师:如果我有一个可以看见无限远的望远镜,用它在海边看船,是不是可以看到很远很远处行驶的船身呢?

　　生:不能,因为地球不是平的,所以轮船远去会消失在海平面以下。

　　生:生活经验中的登高望远,也是一样的道理,因为地球是球体。

　　学生用他已有的前概念——地球是球体,看似很好地解答了该问题,接下来,挑战思维的时候到了。

　　师追问1:反过来想,登高望远、轮船远去就能说明地球是球面吗?

　　教师的追问启发学生质疑、思考,引导学生用列举反例的方法来进行批判,并进一步澄清,因为这两个实例只能说明地球是曲面。

生：也不一定，只能说明地球不是平的，而是有一个弧度……曲面。

师：是的，古人当时不知道地球是球面，观察到这些现象只能说明地球不是平的，是弯曲的，一个曲面。

师追问2：那么，麦哲伦环球旅行是不是就说明地球是球体呢？

生：是的，因为地球是个球体，所以从一点出发向一个方向航行能回到原点。

生追问：我不同意他的观点，万一地球是个圆柱体、圆锥体、环形什么的，也可以回到原点呢？

师：麦哲伦环球航行不足以说明地球的形状，能说明什么呢？——地球是封闭的曲面。

教师再次追问，引发学生的争论，学生互相追问，得出结论：地球是一个封闭的曲面。

师追问3：古人了解地球的形状或许可以借助地球的影子，月食照片能证明地球是个球体吗？

……

生：如果一次月食在不同地方观察都是弧形，说明地球是球面。

师追问4：最早用月食现象证明地球是球形的人是亚里士多德。历史上最足以证明地球形状的证据是什么呢？

这次的追问，引发学生思考：如何才能真正证明地球的球体形状。

生：在太空中拍摄地球的全貌，给地球拍照片。

师追问5：20世纪，人类从太空中观察地球，从人造卫星上拍摄了地球的照片，确证地球是一个球体，而且还精确地测量出了地球的大小，观察这组关于地球大小的数据，你又发现了什么？

生：地球不是正球体，而是一个两极部位略扁的球体。

……

生：地球表面的高低起伏，也不是一个光滑的球体。

（板书）地球是一个两极部位略扁的不规则球体。

师总结：人类经历了几千年对地球形状的认识史，科学探索的过程中需要留心观察，大胆假设，小心求证。人类对地球形状的认识还将在不断探索之中。

在本课中，教师通过一系列逆向追问，引领学生对原有认识一次次反省和批判，还原对知识的真实探索过程，领略探索的乐趣和科学本质，培养了学生逆向思维和多角度解决问题的精神，有利于培养学生的问题素养和科学素养。

通过多次研究，老师们对追问有了更深层次的思考，周老师对此进行了总结：追问的目的到底是什么？通过第三次课，我们得到了如下启发：一是帮助学生构建知识体系；二是引发学生的深度思考；三是鼓励学生多角度思考。课堂追问就像一个灵动的精灵，随着课堂的节律而跳动，时而在构建知识的框架，时而在启发学生深入思考，时而在鼓励学生变通，时而在帮助学生纠正认知错误……它其实就是教育智慧的体现。

连老师谈到，追问式教学始终要回到"我们到底要教给学生什么"这个问题上，她在研修日志中写道：

如果让学生通过一幅接着一幅图的分析学到知识本身，经过那么辛苦的一节课才弄懂知识，以后还会愿意去用图吗？从缪老师的课堂中我们可以看到，由于增加了一个令人欣喜的设计——从生活出发，天气预报，选择过冬和过夏的城市——激发了同学们的兴趣和思考。通过几组精彩追问，学生回到地图、运用地图、用等温线分析理解。尽管也要动脑筋，但这种方法是指导我们生活的，交给学生这一点远比知识本身更重要，因为有可持续性，可以在以后出行等生活需要上去运用，学生就愿意用地理知识用地图解决问题。

关注学生问题解决与核心素养发展的课堂教学，必须以学生学习为主线去设计，必须让学生真实的学习过程能够发生并且展开，必须以"问"促学，重视学生在教学过程中的"生成"。课堂教学是错综复杂的，教师在问题设计时不可能穷尽也不必穷尽课堂可能的变化。师生对话是一个永远未完成的动态生成过程,其间必然存在许多非预期性的因素,而那些稍纵即逝的、非预期性的因素往往拥有无穷的教育价值,教师就要凭借自己的教育智慧,巧用课堂动态追问的形式,捕捉问题设计与问题解决的生成性,把握提高学习素养的关键要素,指导、激励、帮助学生在发现问题和解决问题的过程中提高学习素养和核心素养。

# 第五章

## 促进创新： 提高学习素养的高阶追求

---

　　高阶追求,是指在认知与行为等方面的高层次要求。从学习素养的发展看,活化知识是基础,活化了知识,才能迈好提高学习素养的第一步;解决问题是关键,只有提高了问题素养,才能让学习素养迈上新台阶;运用已有的知识创新性地解决问题,是学习素养提升的高级阶段与理想境界,也只有登上了这一阶梯,学生的学习素养才会得到真正的持续发展。因为在中国学生发展核心素养的图谱中,"实践创新"作为六大维度之一,成了学生成长与自我发展不可或缺的内容。习近平总书记曾经说过:"创新是一个民族进步的灵魂,是一个国家兴旺发达的不竭动力,也是中华民族最深沉的民族禀赋。在激烈的国际竞争中,惟创新者进,惟创新者强,惟创新者胜。"中学教育作为学生承前启后的重要阶段,是培养学生创新精神的黄金时期,如何培养中学生的创新精神乃至创新素养,是"核心素养时代"学校教育必须思考和回答的问题。

　　促进创新,是指在课堂教学中培养学生的创新意识,通过多种方式促使学生产生新的体验、想法与解决问题的新方案等。中小学生的创新,不是在横比中发前人之未发,而是相对于自我发展而言,获得了新体验,产生了新认识,形成了新成果。如果说中学生以学习素养为基,知识素养、问题素养为翼,创新素养便是核心素养的高平台和高阶能力的发展点。

从"中国学生发展核心素养"的指标体系看,实践创新能力具体表现为劳动意识、问题解决和技术运用三个方面。促进创新,首先要培养学生的劳动意识,让学生动口、动手、动脑。中学生要培养创新意识,提高创新能力,关键靠行动,只有"做",意识才能"行",素养才会"生成"。在该"动口"的课堂上,让学生有主动说的意识。如政治课上培养学生对社会现状的认识,单靠教师宣讲知识入不了学生的心,需要通过"对话",在学生与教师、文本和教学情境不断对话的过程中,激发思维,从不同角度思考,才能创生新的成果。而在该"动手"的课堂上,让学生有条件动手、多动手并且在一次一次的实践累积中积少成多,为创新做量变的积累,才能在创新能力发展的征程中产生质变。正如"化学是一门以实验为基础的学科",化学实验不仅是学生认识化学的一种方式,也是化学概念建立的基础,更是"做科学"的关键过程。让学生积极动脑,勤于动手,通过实验观察和分析化学现象和事物,在此基础上归纳、抽象出概念,就能成为一个个生动的、孕育着深刻化学思想和方法的概念内容。其次是转变创新思路,使问题解决的路径多元化。上一章已提及如何培养学生的问题意识,本章将继续探讨多元化解决问题的创新培养策略。中学生在课堂上养成主动发现和探究问题的思维品质后,应当学会转变思路,探索问题解决的多元化路径。中学生的问题解决并不是"从无到有"的创造,而是"举一反三",即通过使用新角度、新技术、新知识去解决旧问题,或是用老办法、老技术、老知识去解决新问题等。第三是丰富技术手段,为创新提供平台和保障。一方面,不断优化信息技术环境,为学生提供个性化发展的创新平台;另一方面,将新技术融于日常课堂,引导学生在课堂上主动探究、发现问题,生长出新知识、新方法和新能力。中小学生在课堂上培育创新意识与能力,必须首先提高学习能力,发展学习素养。只有提高了学会体验创新的能力,才能从根本上培养创新意识,提高创新能力,在高层次上提升学习素养。我们由此认为,提高学习素养的难点是促进创新;促进创新的难点,是如何有效提高学生体验创新的能力,只有提高学生学会体验创新的能力,才能真正实现转识成智、灵动创新的目标。

七中初中学校构建的以"学"、"思"、"创"、"生"为核心要素的"创生型课堂",有利于提高学生学会体验创新的能力。因为"创生型课堂",是以学生的创生性学习能力为重点,以整合新知识、形成新经验、产生新观点、提升新能力等为主要任务,以鼓励学生积极思考、大胆表达、敢于质疑、乐于创生为重要追求的课堂形态。这一课堂形态要求教师创造性地教,学生创造性地学,师生在创造性的教与学的过程中产生新体验与新收获。

随着信息技术的发展,未来学校的建设也应体现创生的要求,提高学生体验创新的能力。我们认为,未来学校的课堂也应培育具有创新能力的师生,而创新能力需要在"创生型课堂"上来发展。基于这一思考,我们提出了"建构'创生型课堂',实现未来学校基本主张"的实践策略,借助信息技术进行了"一对一"数字化学习的实践探索,在三个方面加大了实践与改革力度:一是激活学习动力,培育具有创新意识的学习主体;二是优化课堂结构,提升创新的核心能力;三是提高创生品质,培育学生的创新素养。为此,各学科组的老师们就如何依托学科课堂,促进学生创新意识与能力的发展进行了课例研究。

## 一、在对话中创生,在创生中促进创新

"学习不是封闭的占有、分配或使用现有资源的过程,而是分享、合作和创造的过程。"①只有在开放的对话环境中,与他者话语倾听与言说、沟通与探讨、欣赏与评价,才能形成属于中学生自己的新观点、新表达。创新素养蕴含于创生型课堂中,而创生型课堂的质量取决于师生的互动性创生质量。当教师具有"创生"意识和引导能力之后,学生的"创生"意识与能力必须同步提升,才能在课堂上与教师一起进行"创生式互动"。

要在教学中培养学生的实践创新能力,需要搭建师生平等、畅通交流的平台。这就意味着,课堂教学中只有充分发挥师生对话、生生对话、生本对话等,才能将不同的信息传递、交流、激荡,迸发出不同于以往的思维火花。

为此,思想品德教研组进行了规范性课例研究,他们确定了"在对话中实现有效创生"的课例研究主题,以教科版初中思想品德教材九年级第五单元《国策经纬》国情类教学为背景,由肖老师执教,进行了系列探索。

---

① J201606 基于变革社会的视角_核心素养阐发与建构的再思考_屠莉娅.

## (一) 不断修正对话方式，变"伪对话"为"真对话"

围绕如何增长课堂对话的创造、生成分量，本次课例采取"一个主题、三次观察、六次会议"的研究模式，不断调整教学目标，不断修正提问、评价等方式方法，突出重点环节，充实课堂对话，力图在一而再、再而三的修正基础上，让课堂教学真正"对话"起来。

创生型课堂是以尊重差异为前提的，教师要在尊重学生不同发展基础、思维方式、创生习惯与创生水平的基础上，对学生的创生行为和差异化成果进行鼓励，引导学生分析其合理性，剖析其创生结果的形成过程，在尊重激励的基础上，鼓励学生形成自己的观点，发掘自身潜能，创生出自己的最高水平，形成自己的创新亮点与风格。下面是第三次探索中教师的部分提问：

师：你的观点是严峻的人口形势会对自然环境产生重要影响。（多数学生掌声响起，表示赞同。）还有其他的观点吗？

师：这位同学提到了由粮食问题引发的对环境、安全问题的一些担忧。很好，继续。

师：你觉得会导致就业的问题（老师板书），同学们考虑得很全面。还有其他观点吗？

师：是啊，人多力量大，一定程度上讲，劳动力增多确实可以创造出更多的社会财富。大家回顾一下我国人口形势的基本特点是什么？

师：你担心的是因为老龄人口的增加使得纳税人口减少，国家的财富就减少了，这个担心有道理吗？

（一些同学在摇头。）

师（转向一位同学）：那好，你来。如果你觉得她没道理，你又怎么看呢？

经过不断修正之后，课堂重点更加突出，进一步聚焦在了两个创生点上。课堂上教师的问题更开放，学生的参与度、参与人数都较上次有了提高，在这样相对开放的问题的引导下，教师的肯定、鼓励、质疑和引导营造了一种有助于促进深度对话的课堂氛围，使学生的思考更加深入，并敢于真实地表达自己的看法。在这个过程中,对话更加有深度和广度,学生收获了自信,实现了课堂的有效创生,促进了学生创新,提高了学生的学习素养。

## (二) 在思考与对话中创生

"课后测试"组的老师在进行统计和分析时发现:"几位学生分析指出:长期实行的一胎生育政策是今天中国老龄化的原因;要解决老龄化带来的问题需要逐步放开一胎政策。这说明,学生有自己的思考和生成。"这一结论在课堂的对话实录中得到了印证:

师:我想请同学们根据我们国家的人口现状分析一下,现在是否应该放开二胎生育政策? 还是刚才的四人讨论小组,开始吧。

(学生小组讨论,师巡视并参与学生讨论。)

生1:我觉得国家可以放开生育二胎的政策。我国当前老龄化现象严重,直接影响社会生产力的提高。如果放开二胎生育政策,可以提供更多的年轻劳动力,有助于缓解人口老龄化的压力。

师:他想到了用鼓励生育的办法来解决日益突显的人口老龄化问题。其他同学还有理由补充吗?

生2:我认为国家可以放开二胎生育政策,但首先要设立一个二胎税。也就是说,若一对夫妻生了第二个孩子就要向国家交一定的钱,增加国家的财政收入,可以促进经济的快速发展。而且每个人的遗产都要交税,人越多,交的遗产税越多,国家的收入就越多。

师:你的观点是可以借着二胎生育这个途径来为国家创收。其他同学赞同吗?

生(多数答):不赞同。

师:好,不赞同的同学,你的理由是什么?

生3:我觉得他说得不对。如果人口如此增长下去的话,就会导致社会背负越来越沉重的包袱,收的那一点点钱会入不敷出的。面对我国人口老龄化的问题,在控制人口的同时,还应提高人口素质。我们知道,科学技术是第一生产力。科学技术提高了,劳动效率就会随之提高。也就是说,我们不需要更多的劳动力,就能生产出更多的产品。

师:也就是说可以通过科技创新提高生产力,从而增加社会产品的产出,而不需要增加人口数量。

生3:是的。

生2:等一下,既然富人那么多,50万、100万,难道他们交不起吗? 他们随便拿50万、100万来增加国家税收。这样难道不好吗?

师:那这个意思是交不起钱的人就别生了?(其他学生哗然,议论纷纷,笑声。)

生2:如果一个家庭交不起钱,他们生二胎对自己家庭的经济状况影响是很大的,因为多生一个孩子,家庭支出会增加很多。

师:怎样把孩子培养成才,的确是每一个家庭都应该认真思考的问题。你的观点是,即使国家放开二胎生育政策,每个家庭还是要根据自己的实际情况,量力而行。还有其他观点吗? 请继续。

生4:我觉得,国家现在还是有财政实力的,可以放开二胎生育政策,而且不用生二胎的人交税。国家还要将一定的财政支出用于这些新生代的教育,等这些人长大了,都有了文化,对国家经济的发展是很有好处的。对于国家来说,其实就是在投资。

……

从学生的发言看,他们思考问题的角度在变化,思维也逐渐趋向系统化,对很多问题的看法也逐渐趋于客观和理性,这就是思想的自我创新。

## (三) 在创生性的对话中促进创新

创生性的对话,是指有创生空间与可能的对话。第三次课,教师的提问、评价和引导都发生了很大变化,提问更加开放,评价、引导更加宽容和具有商榷性,大大激发了对话兴趣,课堂氛围异常活跃。老师在听到不同声音时用鼓励的神情和"这个观点很特别,我们听他说说"的宽容态度,引导师生的对话不断走向深入,并在对话中创生出了很多精彩。下面是对话片段：

师：请大家把刚才小组讨论的结果和全班同学分享，可以从一个角度或多个角度来谈。某个同学发言之后，如果其他同学赞同其观点，可以用掌声来表示。

（全班交流。）

生1：人口过多的话，中国的自然环境就会受到很大影响。比如，这些年出现的天坑现象就和人口越来越多有关系，我们对资源的需要也会越来越多，从而导致对环境的破坏越来越严重。

师：你的观点是严峻的人口形势会对自然环境产生重要影响。（多数学生掌声响起，表示赞同。）还有其他观点吗？

生2：会导致粮食短缺问题，因为人口增多，需要的粮食越来越多，就会需要越来越多的土地；土地用了化肥，就会产生重金属；用的化肥越多，产生的重金属就会越多，食品安全问题就会随之出现。

师：这位同学提到了由粮食问题引发的对环境、安全问题的一些担忧。很好，继续。

生3：由于人口多，就业就比较难。

师：你觉得会导致就业问题（老师板书），同学们考虑得越来越全面了。还有其他观点吗？

生4：刚才他们都说的是消极影响。其实，我觉得还有积极影响，我们人口多，也就意味着我们劳动力多啊。

（师鼓励生继续往下说。）

生4：所以，我们创造的财富总量就多，国家经济也就能发展得更快一些。

师：是啊，人多力量大，一定程度上讲，劳动力增多确实可以创造出更多的社会财富。大家回顾一下刚才讲到我国人口形势的基本特点是什么？

生：人口基数大，新增人口多。

师：（引导）还有一个呢？

生：人口素质偏低。

师：如果这么多的劳动力都是高科技人才，那对国民经济的发展就更有利了。好，请坐。关于日趋严峻的人口形势所带来的影响，大家还有其他观点吗？

生5：我觉得人均资源占有量会受到影响。我国就是资源总量多，人均少。比如水资源。

师：好，何同学说到资源总量、人口以及人均占有资源量之间的关系。刚才哪些小组在讨论的时候，也提到这些观点？

（部分学生掌声响起，表示有相同观点。）

师：很好，这些同学能够将前后知识点融会贯通。由于课堂时间有限，我再请最后一位同学和大家分享观点。

生6：刚才有同学说人多了以后社会财富会增加，我倒觉得人均财富可能会下降。因为人口越来越多，同时进入老龄化的人口也越来越多，而这些步入老龄的人创造财富的能力在下降，他们上缴国家的税收也就会随之减少，国家总税收就会减少，国家财政总收入就会减少，人均财富自然就会减少。

学生中的"另类"观点，既引起了教师的兴趣，更引发了学生激烈的争论，学生竞相发表自己的看法，呈现出了许多让老师感动、让同学信服的精彩创生。这样的课堂氛围，让老师们对创生型课堂中的对话有了更深刻的理解，只有深入思考和思考后学生有了精彩表达，才能引发真正的对话，而新观点的产生和出现会激发同伴的质疑，这些质疑能使学生更深入、更系统地思考问题，更注重自身表达的严密性。对话就这样被推向更高层次，创生在这样的对话中也得以呈现，创新意识与能力也在这样的创生中获得了发展。

在规范性的课例研究中，老师们愈发觉得，要让学生在初中思品课堂的创生中把知识内化为自己新的素养，需要通过课堂对话来实现。课堂教学中的对话是以师生的生命发展为目标，以对话精神为原则，合理协调教师、学生、文本和情境四者之间的关系，以开放性、生成性和创造性为特征，开发师生创造潜能，追求人性化的活动创新过程。它包括师生对话、生生对话、师生与文本之间的对话、师生与预设教学情境之间的对话。李老师将课例研究成果运用于日常课堂，并逐步改进了初中思想品德课堂的教学实践。

　　首先是在教师与文本的对话中促进创生与创新。师生为了深入地展开学习，首先要深刻理解文本，这就是"师本对话"，即"教师与作者的对话"，在这一过程中，教师揣摩作者的编写意图，掌握授课的重难点，理清知识讲解的脉络。思想品德课的文本主要是教科书，但熟悉思想品德教科书的人，会十分清楚思想品德文本内容的单薄，所有的教学内容不过是两三段简单贫乏的话语。如果照本宣科地解读，思想品德课的枯燥乏味将会不言而喻。为此，思想品德组的老师们强调教师与文本对话时，要带着自己的特殊体验和经验解读文本，利用自己的知识储备与智慧，对文本的内容进行整合，设计出丰富多彩的教学内容，引导学生去探究，去自主学习。对话教学中的教师，作为教学活动的参与者与教学内容的引导者，必须先与文本对话，进而指导师生、生生、生境之间的"对话"。例如李老师执教《自我保护》一课后写道：

　　　　教师与教材进行深度对话，首先要确定本节课的目标，即让学生通过学习，能够在权利遭受侵害时，选择自我保护的途径和学会运用法律武器同违法犯罪作斗争。基于这一目标，教师在"现实生活多危险"环节，设计了小游戏"比一比"，让学生列举：在现实生活中，有哪些潜在的危险？接着在"化险为夷我能行"这一环节，通过播放学生课前录制的"情景再现身边危险"的视频，让学生以小组合作的形式，为化解这些险情支招。这两个课堂活动，都是教师在与教材深度对话确定教学目标的基础上设计的，而教师的目的是让学生在活动中创生，促进学生将本节课所学的知识转化为"学会自我保护的技巧和方法"这一能力素养。

　　创生型课堂首先要清楚"学什么"，这就需要教师在课前与教材进行深入的对话，并把对话结果体现在教师对本堂课的教学设计、对学情的掌握以及对课堂教学情境的预设上。教师在课前思考本堂课要达成的目标是知识的掌握，分析解决问题能力的提高，还是思维模式的促进和情感、态度、价值观的培养，都需要结合自己对文本的理解。教学目标确立后，教师根据这一目标设计创生活动，包括活动的重点、活动时间的分配、教师的评价，这些因素都会直接影响课堂创生。因此，要想在初中思想品德课中实现创生,并且在创生的过程中促进学生把知识转化为素养,教师必须先与教材进行深度对话。

其次是在教师与学生的对话中促进创生与创新。师生对话要鉴别、警惕"伪对话",对话本是平等的,而在现实教学过程中,却很难进行真正有效的对话。学生们长期被教师话语吞噬,往往采取迎合教师的方式来回答,学生对话的主体地位确立不起来,思想依附于教师,更别说和创新素养的生成有多大关联,我们称这样的对话为"伪对话"。要改变这种对话在设置问题时就不能胡子眉毛一把抓,而是基于创生有针对性地进行设问。下面是《自我保护》的教学片段:

师:接下来,一些同学将会为我们再现这些危险情景,有请我们的制作团队。请同学们在观看表演的同时,认真思考,为化解这些险情支招。

学生播放课前录制的视频。

师:表演已经观看完了,现在请同学们分小组进行讨论,要求:

1. 请选择你们小组要支招的案例。

2. 学以致用:联系我们微视频学习的内容,思考并设计我们可以用哪些方式来化险为夷?

3. 讨论时间为4分钟,讨论结束后每个小组派一个代表发言。

学生讨论。

师:时间到,哪个小组第一个和我们分享你们讨论的结果?请发言的同学首先告诉我们你们小组选择的案例。

生1:我们小组选择的是"溺水"的案例。在溺水未发生前,我们可以采取措施预防和避免:1.中小学生应在成年人的带领下游泳,特别要注意的是那种没有人去的水塘要避免去;2.不能去竖有禁止游泳牌子的地方游泳;3.在游泳前要做好适当的准备活动,以防在水里抽筋。如果溺水已经发生:1.不要慌张,发现周围有人时立即呼救;2.放松全身,让身体漂浮在水面上,将头部浮出水面,用脚踢水,防止体力丧失,等待救援。

师:真棒,你们小组不仅列举出溺水后求救和自救的方法,而且还总结出了避免溺水发生的措施,条理很清楚,总结得也很全面。还有哪个小组想和我们分享？

生2：我们小组选择的是"遇到不法分子抢劫"。中学生预防"抢劫"这一不法侵害发生，可以采取以下措施：1.多找几个同学一块走，有事情可以相互照应；2.路上看到可疑的人，不要与他们说话，要尽量远离他们；3.少去网吧、游戏厅、电影院等情况比较复杂的公共场所；4.如果被人盯上，要往人多的地方走，向警察求助或打电话让爸爸妈妈来接你。如果已经遇到拦路抢劫：1.应以保护自身生命和安全为首要原则，不要过多地顾及财物。不到万不得已，不要硬拼，避免造成更大的损失。2.关键时候要大声呼救，及时报警。报警时，要简明、准确地向公安部门报告案件发生的地点、时间、坏人的人数、案情等内容，还要留下联系电话。（注意：如果你是处在和坏人周旋的危险中拨打110，应注意隐蔽和轻声。）

师：很好，这个小组的同学和我们分享了如何避免不法分子侵害以及不法分子侵害已经发生后的自救和求救的方式。

……

在这段课堂对话中，问题指向性很强，要求非常明确，能够让学生明白教师的意图。同时，在设问时没有过多的限制，给学生留下了思考的空间，避免学生囿于教师的意志，从学生的回答中可以看到创生已经实现，学生已经掌握了一定的自我保护的正确方法和途径，提高了自我创新的意识与能力。

此外，思想品德组的老师们认为，初中思想品德课程与其他课程相比，更加贴近学生的内心世界。教师要正确引导学生打开他们的内心，并且在课堂对话中给予学生肯定和尊重。以李老师执教的《尊重劳动者　珍惜劳动成果》一课为例：

师：游戏结束之后，对比之前估算和现在实际捡到的豆子数量，你有什么感受？你觉得捡豆子的过程容易吗？

生1：我捡到的豆子太少了。通过这个游戏让我切身体会到劳动者的辛劳，我们中学生平时应该多从事一些力所能及的劳动，比如在学校大扫除，在家里帮助父母做家务。

师：你能从捡豆子的游戏想到中学生平时应该多从事一些劳动，真的很棒。

　　生2：我捡到的豆子远远达不到我预先猜想的数量，这说明我平时从事的劳动还是太少了。中学生应该多参加劳动，因为劳动既可以使我们劳逸结合，又可以帮助我们树立正确的劳动观，并且锻炼我们的意志。

　　师：很好，看来你从这个游戏中获益匪浅，深刻认识到了中学生参加劳动的必要性。

　　创生型课堂提倡学生多角度思考，创造性地理解和表达。李老师积极肯定学生形成的多样化的思考结论，让学生感受到自己的发言是有价值的，思想是可以大胆表达的。由此，创生型课堂就会在安全、和谐的课堂实现师生平等对话的目标。

　　生3：我实际捡到的豆子数量与之前估计的相差太多，我以后再也不想捡豆子了，幸好我平时不用从事这项劳动。

　　师：很好，看来大家都在用心做这个游戏，并且从中体会到捡豆子是件不容易的事。然而有多少人知道我们餐桌上的每一粒米，每一颗大豆都是来自这样一些稚嫩的小手和这样一些粗糙的大手所积攒起来的。同学们，我们知道了一件事情难做就可以不做了吗？试想，如果那些劳动者都因为辛苦、不易而拒绝从事这项劳动，那我们所吃的粮食从何而来？

　　生3：我刚才的想法是错误的。在生活中我们应该学会知难而进，只有这样才能够成功，劳动也是一样。

　　师：你说得太好了。

　　在这里，学生对劳动出现了畏难情绪，甚至是排斥心理，切勿当面责备，而应从侧面引导学生树立正确的劳动观。为了促进学生有更多的创生，必须尊重学生的独特体验，特别是当学生的价值取向与教材、与教师的理解有偏颇时，应该以宽容的态度去理解学生，保护学生的纯真心灵。

　　初中思想品德课堂构建一个积极、正向、安全、和谐的沟通氛围，鼓励每个孩子都敢于说出自己的真实想法，不仅有利于学生对知识的学习，更有利于引导学生树立正确的人生观、价值观，促进学生把知识转化为内在素养，提高自己的创新意识与能力。

为了在课堂上呈现"深度对话",整合各种教学资源,回归学生的实际生活,以生活为土壤,创设深度对话的情境,老师们在《尊重劳动者　珍惜劳动成果》一课中做了以下探索:

师:我们再来看一张图片,这是一张前几天登在光明日报上的图片,它讲述了粮食从耕地到选种再到育苗,一直到餐桌上的艰苦历程。实际上它也凝聚着很多劳动者的劳动,当我们体会了劳动者的不易,再反思自己的日常行为,你有没有新的认识?

生1:伟大的理想只能靠劳动来实现,幸福的生活只能靠劳动来创造,这是再明白不过的道理——天上不会掉馅(儿)饼。试想如果没有劳动,人类社会将很难发展和进步。

师:很好,刚才这位同学谈了劳动的重要性。还有哪位同学谈谈你的认识。

生2:我们所有的用品都是通过许多劳动者的辛勤劳动生产出来的,都来之不易。我们从小就要继承发扬先辈们热爱劳动、珍惜劳动成果的优良传统。

师:回答得真好。我们要珍惜粮食,珍惜劳动成果——因为它来之不易。哪位同学能具体谈一谈自己的日常行为?

生3:我并没有很好地珍惜劳动成果。有时我会把还没吃完的苹果扔进垃圾桶,把不喜欢吃的饭菜倒掉,我现在十分后悔,因为那是妈妈辛苦削的水果,辛苦烧的饭菜,农民伯伯的汗水浇灌的水果,劳动换来的饭菜。我再也不会不珍惜别人的劳动成果了!因为他人的劳动成果里有他人辛苦的付出,有他人的汗水,我们应该尊重他们,感谢他们为我们付出这么多,而不应该不珍惜,不尊重。

师:同学们能认识到劳动的重要性,知道自己应该珍惜劳动成果。刚才这位同学还能反思自己的日常行为,谈自己对珍惜劳动成果的认识,真棒!

亚里士多德说过:"所有的知识都是彼此相关的。"强调教师将书本知识与学生已有的生活经验结合起来。学生的生活是深度对话得以实现的土壤,李老师让学生反思自己的日常行为,既能调动学生的积极性,又能在深度对话中实现日常课堂的有效创生。这样的课堂,注重的是培养学生运用所学知识解决实际问题的能力,这就能有效促进学生在课堂创生中提高创新素养。

第三是在学生与学生的对话中促进创生与创新。思想品德对话教学的目的在于培养学生的问题意识和提升学生解决问题的能力;归根到底,是以学生为中心的教学,其根本落脚点是培养学生的学习能力,因此学生与学生之间的有效对话与交流,才能真正促使学生领悟到学习的真谛,创生新的收获。生生对话为学生提供了一个自由发展和共同发展的空间、自由表达和交流分享的氛围,生生对话让课堂教学不再自我封闭,让初中思想品德焕发生命活力与创新精神。如《文武之道 一张一弛》的如下教学片断就体现了这一点:

> 在学习这一课时,教师针对"娱乐休闲是否有利于我们全面发展"设置了辩论活动,全班分成正反两方,正方观点为"娱乐休闲有利于我们全面发展",反方观点为"娱乐休闲不利于我们全面发展"。
>
> 生(正方):娱乐休闲活动对我们有益,它能丰富我们的生活,使我们的生活不再枯燥乏味。同时我们还能在休闲娱乐活动中发展我们的特长,从而促进我们的全面发展。比如我们参加篮球赛、诗朗诵比赛、歌咏比赛等课外活动,可以培养我们多方面的兴趣,并且这些活动能发展我们的特长。
>
> 生(反方):我反驳正方,参加课外活动,看似丰富了我们的生活,但这必然会浪费我们很多的时间,影响我们的学习,反而会得不偿失。
>
> 生(正方):反方认为课外活动会浪费学习时间,这种思想是错误的。娱乐和休闲不但不会浪费我们的时间,而且可以使我们劳逸结合提高学习效率。同时,我们在参与休闲娱乐活动的过程中,还能获取很多课本以外的知识,从而增长我们的见识。如果只是一味读书,最终就会像迟之悟一样,后悔也来不及了。
>
> 生(反方):参加休闲娱乐活动很容易分心,而且一旦沉迷其中很难自拔,势必会影响我们的学习和生活,不利于我们的身心健康发展,更何谈全面发展。
>
> ……

师：刚才正反两方的同学都表现得很好，为大家呈现了一场精彩的辩论赛。其实，无论是小红的观点，还是小明的观点，都存在片面性。娱乐休闲是当代人生活的一门学问，不是所有的娱乐休闲都有利于我们全面发展，因为休闲娱乐的方式有高雅庸俗之分，有格调品位高低之别，那么我们必须加以鉴别挑选，只有文明高雅的休闲娱乐方式才能真正达到事半功倍的效果，而低俗、不健康、有害的、不文明的休闲活动，不论是对别人还是对自己，都是"精神鸦片"，对社会更有危害。同时，我们还要切忌过度娱乐休闲，否则不利于我们的身心健康发展。因此，我们只有在学习生活中选择文明健康的休闲娱乐方式的同时把握好度，才能够促进自身的全面发展。

思想品德组的老师们认为，传统的初中思想品德课带给学生更多的是知识层面上的收获，而教师在创生型课堂中采用对话教学，尤其是生生对话，为学生提供了一个自由想象的空间、自由表达的氛围、自由交际的天地，生生对话让课堂教学不再自我封闭，让初中思想品德课堂焕发生命活力与创新精神。在课堂生生对话中，教师把发表和评价观点的权利转交给学生，自己则在对话的最后阶段进行归纳，进行正确的价值引导。学生与学生在交流的过程中不断碰撞出新的思维火花，不断调整自己的知识和经验，同时培养自己搜集处理信息、思辨、创新等能力。因此生生对话的结果，就是学生在"学会"的过程中逐步提高了"会学"的能力，真正实现了从知识到素养的转化。

为了帮助学生在对话中提高创生和创新的能力，思想品德教研组还开展了"辩论赛"，正反双方打擂台等活动。思维对弈，言语交锋，有随机应变的团结协作，有舌战群雄的慷慨激昂。为了让学生有亲身参与、主动实践的机会，结合"走进社区"的课程内容，安排学生做"社区调查报告"；为培养学生关心时事，关注社会的意识和能力，设置了"新闻播报"、"时政达人秀"等活动，为关注时事动态且知识积累丰富的学生提供竞逐的舞台。

此外，放手让学生结合所学的教材知识内容自编自导自演的"展示表演课"也深受学生喜爱。各种形式的对话活动，充分挖掘了学生的创造性潜能，训练了学生的发散思维能力和学以致用的迁移能力。

第四是在翻转课堂理念下促进对话与创生。姜老师在《文化风景线》一课中，录制了5分钟课前微视频"APEC万花筒"：介绍APEC的背景、回顾历届APEC东道国的特色文化、讲解"软实力"内容、引入2014北京APEC、结尾处设置了三个问题：(1)想一想，世界文化的特点？(2)找一找：2014北京APEC峰会有哪些中国文化元素？(3)思一思：在经济全球化、世界文化融合的背景下，我们对于传统文化和外来文化的态度？学生对上述问题的思考，都可以制作Keynote呈现出来。

两个课时的内容，利用翻转课堂，不仅一节课完成，而且知识拓展更有余地。云技术平台为课程内容的深化提供了设备支持，翻转课堂的运用为课程内容的深化提供了思维导向，从发现问题到查找资料解决问题再到智慧碰撞无限延伸，思维的活跃不仅是表面的涟漪，而是来自深处的波澜壮阔！

第五是在"未来课堂"上促进创生与创新。未来课堂是针对未来创新人才的培养需求和新课程改革对课堂重构的要求提出的，以互动为核心，旨在构建充分发挥课堂主体的主动性、能动性，促进主体和谐、自由发展的教与学的环境与活动。未来课堂是开放性的课堂，其开放性体现在课堂教学组织形式的开放以及教学资源的开放。未来课堂的交互性主要体现在未来课堂中的教与学过程更多地体现为互动过程，这种互动包括师生互动、生生互动、师生与教学资源、学习资源之间的互动，与课堂设备之间的人机互动，甚至包括现实课堂与虚拟课堂中的人、资源与设备的互动等。

姜老师在《经济全球化》的教学中，课前制作了一个介绍经济全球化现象的微视频供学生学习，结合"一带一路"的热点材料，布置了研究性学习任务："中以之间如何进行经济和贸易的合作？"学生通过观看视频，查阅资料，以小组为单位，制作了很多极具创造性的学习成果。云技术为教学活动提供了更加丰富的对话形式，进一步促进了学生的创生与创新。

## 二、在实验探究中促进创生与创新

化学组的老师们通过多种课例研究方式对此进行了探讨。因为"化学是以实验为基础的学科"，化学实验是进行科学探究的主要方式，无论是化学概念还是化学定理或原理的形成,常常需要一个实验探究过程,而这一探究过程,既是学生形成概念和把握原理的过程,也是不断创生和创新的过程。化学组以人教版化学九年级上册第五单元课题一《质量守恒定律》为内容,开展了"初中化学'课堂学习设计'与实践的研究",通过多次研讨,形成了在探究实验中促进学生创生与创新的策略。

## (一) 在实验探究中观察创生与创新的主要视角

化学组根据实验探究教学的基本环节"提出问题——猜想与假设——制定实验方案——进行实验,收集证据——评价交流——得出结论",确立了课例研究的五个观察点,自主设计观察量表并对师生的课堂行为同时进行观察。

观察点一:问题情境的引入及应用。这一观察点共有三个观察视角:一是重点观察问题情境能否激发学习兴趣,并引导学生提出问题、进行猜想;二是观察问题情境是否承载学科内容,并解决问题;三是观察问题情境能否激发学生创造性地进行实验探究。

观察点二:实验探究过程。共有三个观察视角:一是重点观察实验探究环节是教师包办实验设计方案,还是引导学生自主设计实验方案;二是观察整个实验过程中小组合作是否分工明确、配合默契,是否全部参与、主动交流;三是观察在探究过程中是否发现了问题、创生了新思维、产生了新方法。

观察点三:分析交流。共有两个观察视角:一是观察学生在小组交流时是否能大胆表达并学会倾听;二是观察评价时能否对探究过程进行反思,发现自己的不足,并加以改进。

观察点四:得出结论与解释。共有两个观察视角:一是观察评价交流,教师是直接将定律的本质告诉学生,还是学生根据实验过程自主得出结论;二是观察教师如何引导,是否真正体现师生互动、生生互动,并创生出新问题、新思考。

观察点五:全过程的师生行为。共有两个维度的观察视角:其一是教师维度,教师行为重点观察整体设计是否合理,是否符合学习规律,实验探究过程是否给学生留有创生时空;其二是学生维度,学生行为重点观察各层次学生的学习状态,是否感兴趣,是否专注、积极,是否能创生精彩。

## （二）课例研究形成的共识

在设定观察点后,本次课例研究共进行了四次探索,在每次探索后不断修正,挖掘学生在实验基础上的创造型思维。第一次探索先创设教学情境,再进行实验探究,分析归纳得出质量守恒定律,最后探究质量守恒定律的本质,用所学的质量守恒定律分析、解释实际生活中的化学问题,达到学以致用的目的。第二次探索在总结第一次探索的基础上,强化了问题情境的发生,对教学内容进行调整,并且对实验探究设计进一步优化,以便学生在实验的过程中增强问题解决的意识。第三次在前两次经验基础上,更加重视知识形成的过程,将认知过程的发生交给学生,为学生搭建了思维的脚手架后,学生学会了由表及里的深入思考,能够透过现象看本质,在第三次探索中,学生关于实验设计的创新呈现出精彩纷呈的雏形。最后,教师在总结前三次得失的基础上进行了第四次探索,优化了"创生"环节:第一个环节激发自主创生,是创生的起点;第二个环节促进合作创生,是创生的基础;第三个环节综合创生,是创生的关键。第一个环节在"创设情境"时,当陈老师抛出"跨世纪的争论"后,学生积极主动,意兴盎然地思考并提出问题,做出了大胆猜想。

师:同学们知道在我们身边随时都在发生着各种各样的变化。当物质发生化学变化时,会生成新的物质。科学家在研究物质的种类发生变化的同时,也在研究物质的质量变化,历史上还出现了一个"跨世纪的争论",大家想知道这个著名的争论吗?

生(齐答):想。

师:好!让我们一起走进科学家的实验室。在18世纪,波义耳和罗蒙诺索夫两位科学家都做了同样一个实验:他们把金属锡放在一个容器中加热足够长的时间,发现生成了一种白色的固体——氧化锡,但是,波义耳发现反应后容器及容器里物质的总质量比以前增加了,而罗蒙诺索夫发现反应后容器及容器里物质的总质量与原来相比却没有发生变化。那么,对于反应物与生成物,给我们提出了一个什么问题呢?

生1:我们想知道在反应前后物质的总质量是否相等?

师：物质的总质量是否相等？好！问题出来了。对于这个问题，同学们持什么观点呢？

生（齐答）：相等（应该相等或可能相等）。（七嘴八舌）

在"设计实验并完成实验"环节中，在分析红磷燃烧前后质量总和的测定这一实验现象，尤其是装置中气球的变化时，学生们进行了深入思考和透彻分析。

师：请同学们说一下你看到了什么现象？

生1：气球鼓起来了。

生2：红磷燃烧，生成了大量的白烟。然后，我们还看见了气球一开始涨了起来，最后又瘪了下去。

师：非常好。那气球为什么先会鼓起来，又瘪下去了呢？

生3：我觉得应该是空气受热膨胀，气球涨了起来；然后红磷燃完了，空气冷后，气球就又瘪了下去。

师：还有补充吗？

生3：还有就是因为红磷和氧气燃烧生成五氧化二磷固体，氧气被消耗，体积变小，所以就瘪下去了。

师：有一个关键词叫什么？

生（齐答）：压强。锥形瓶内的压强减小！

师：很好！还想问大家一个问题：在这个装置中气球有什么作用？不用气球可不可以呢？

生（齐答）：不行。

师：那气球有什么作用呢？

生4：我觉得第一是便于我们观察装置内的压强变化，第二是为了保护这个仪器，因为如果压强变化过大的话有可能把仪器损坏。

师：还有吗？

生5：其实，我认为还有第三点，因为五氧化二磷是一种有毒的物质，装置中气球绑在那儿就相当于密封了整个装置，使五氧化二磷不会溢出来污染大气，体现了绿色化学的理念。还有一点就是如果没有气球，说明这个装置跟外界是相通的,反应之后,外面的空气又会压进去,它损失的那部分氧气又会由空气来填补,这样就会影响后面的观察。

最后以五位同学为主,带领全体学生共同总结了气球的作用。第一点是:形成封闭体系,以免与外界气体进行交换;第二点:平衡内压,保护装置;第三点:保护环境。

在"发展并创新实验"环节,当学生发现在碳酸钠和盐酸反应的实验中天平并不平衡时,发现了问题的关键不是质量不守恒,而是未形成封闭体系,于是积极开动脑筋,尝试设计封闭体系,创生了新的设计思想,找寻到了好的方法。学生们甚至想到了用分液漏斗,这是让我们感到惊喜的,因为他们只对分液漏斗有一些初步了解。

师:那你们的可行方案是什么呢?

生1:用分液漏斗。(自由回答。)

师:其他同学呢?

生2:我们用烧瓶或者锥形瓶嘛。

师:哦? 说说看!

生2:用打了孔的橡胶塞把锥形瓶塞住,然后再插一个分液漏斗形成一个封闭的体系,分液漏斗可以盛液体药品,在锥形瓶下面铺一层碳酸钠,然后用分液漏斗,把稀盐酸加进去。

师:(拿起讲桌上的带橡胶塞的锥形瓶)他说在这儿加一个分液漏斗,分液漏斗里面放——

生(齐答):稀盐酸。

师:你们觉得行不行?

生(齐答):行。

师:可行? 同学们注意这是个什么样的环境?

生(齐答):封闭的环境。

师:封闭的……有没有什么问题呢?

生:哦,哦,不行!(学生七嘴八舌,自由回答,积极回答,各抒己见。)

师:为什么不行?

生1：哦！可能气体会把橡胶塞冲开。

生2：可以用刚才那个方法，再在橡胶塞上开一个孔，插入绑有气球的玻璃管。

师：哦？是这样吗？（展示改进装置）

学生在储备知识并不丰富的情况下选择分液漏斗进行改进，这是思维的质的飞跃，如果老师不给予学生充分信任，不给学生展示舞台，不给学生创生机会，我们就永远无法看到学生那最精彩的一面！

四次探索，四次磨炼，这是一次充满激情的课例研究旅程，留下来的是带领学生迈向创新的力量。通过这次课例研究，我们更深刻地理解了创生型课堂的内涵和教学的意义，形成了在实验探究中促进学生创生与创新的共识。

一是精心创设问题情境，激发创生欲望。通过课例研究，老师们更深刻地认识到，教师要有目的、有意识地创设情境，激发学生的主观学习愿望，让学生陷入新的困境，形成新的认知冲突，才能有效地促使学生去展开学习，去探求知识，去质疑问难。

二是还原学习过程，促进科学创生。陈老师第一次试教时过于重视学生的自主创生，强调学生的动手操作，忽略了学生认识问题的阶段性和发展性，未分层分类研究，就把四个实验推送到学生面前，采用分组完成不同实验的方式，使得学生只清楚自己完成的实验，而对其他实验茫然不知，更无法深入思考并创生！只有将"渔"交给学生，学生才能开动脑筋，大胆创新设计。

三是有效指导小组合作，给予创生时间。陈老师在组织学生进行实验探究时，开始组建的四人小组，规模适度，她有意识地考虑了学习习惯、学习能力、动手能力等差异性的互补搭配。陈老师实行组长负责制，对每个分组实验任务发出定时指令，课堂节奏明快，实验课堂的氛围更加和谐而热烈，从操作到观察到记录到汇报，人人有事做，实验目标达成顺利，培养了学生的实验观察、记录及分析能力，学生在高效完成实验操作后有更多时间深入思考和智慧碰撞。

四是采用多种方式评价，拓宽创生与创新空间。课堂教学是一个动态生成的过程，作为教师，应以不同学生有价值依据、有创见的问题和想法等为契机，适时引导学生、启发学生,而不是急于告诉学生正确答案;要注意让学生相互评价,在主动交流中生成正确结论。

化学组的老师们认为,化学课程的核心目标是培养学生的化学科学素养,只要老师们致力于培养学生的创生能力,推动学生的创新发展,创生的思想和策略就能让化学课堂充满生机与活力,就能让学生的创生的智慧闪光,并让科学素养在创生型课堂中茁壮成长。

如化学组的张老师,将前期"初中化学实验探究教学的创生策略"的研究成果,运用在"复分解反应"的常态课教学中。

复分解反应是初中化学最后的一个难点,也是初高中衔接最重要的一个基本概念。在"复分解反应"的教学中,执教的张老师没有直接给出"复分解反应"的概念,而是利用学生在前期学习过程中积累的酸碱盐之间反应的相关知识,设计了一个学生分组实验,让学生在实验的过程中认识"复分解反应":

师:同学们,在前面的学习中,我们已经接触了很多酸碱盐之间的反应,请同学们写出下列反应方程式。

生:在学习卡上练习:$NaOH + HCl^-$　　$CaCO_3^+ HCl^-$　　$CuSO_4^+ NaOH^-$

师:那么这些反应属于什么基本反应类型呢?

生:复分解反应。

师:对,复分解反应是酸碱盐之间最常见的反应类型,是不是所有的酸碱盐之间都能发生复分解反应呢?怎样给复分解反应下一个确切的定义呢? 让我们一起进入今天的学习。

师:现在,老师提供 $H_2SO_4$、$Ca(OH)_2$、$Na_2CO_3$、$BaCl_2$ 四种溶液,请同学们自选试剂,讨论设计有水生成、有气体生成、有沉淀生成的实验方案,并填写学习卡。

生:小组讨论实验方案,分工合作,实施实验。

为了避免分组实验的无序性,学生动手操作之前,张老师进行了指导并给出了实验操作的具体要求。分组实验有序进行,现象明显,学生运用前期学习过程中积累的酸碱中和反应、酸与碳酸盐的反应、物质的溶解性等相关知识很快完成了老师的要求。在小组分享环节,学生大胆发言,积极表达,特别是对产生沉淀的实验设计出了多种方案,形成了生生互动、师生互动、思维碰撞,体现了课堂创生的特色与亮点:

师:在上述老师提供的四种试剂中,哪两种溶液之间会发生反应生成沉淀呢?

生1:我们组将 $Ca(OH)_2$、$Na_2CO_3$ 两种溶液混合,产生了白色沉淀。

师:非常好!能上台写出该反应的方程式吗?

生2:我们将 $H_2SO_4$ 滴入 $BaCl_2$ 溶液中,也产生了白色沉淀,而且现象非常明显。

师:请展示你们的实验现象,这个实验中产生了什么沉淀呢?

生:$BaSO_4$ 白色沉淀。

生3:我们组的方案是将 $Na_2CO_3$、$BaCl_2$ 两种溶液混合,也能产生白色沉淀。

师:那么这个实验中产生的又是什么沉淀呢?

生:是 $BaCO_3$ 白色沉淀。

师:功夫不负有心人!同学们的设计非常棒,产生沉淀的实验方案不拘一格,设计了多种,说明在前期的学习中,同学们的知识积累已经为复分解反应的进一步学习打下了良好的基础!

在探究活动中,学生设计并完成的实验方案如下:

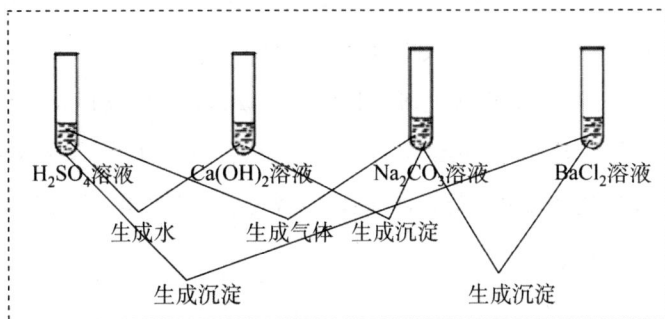

从实践到理论,再用理论指导实践。实验现象是形成理论的重要依据,通过分析观察到的实验现象,张老师逐渐引导学生形成了复分解反应的重要概念。

师:同学们,通过对上述实验现象的观察,你认为复分解反应的发生必须具备什么条件呢?

生:要生成水,或者生成气体,或者生成沉淀。

师:能列举生成水的一类典型的复分解反应吗?

生:酸碱中和反应生成盐和水。

师:还能列举生成气体的一类典型的复分解反应吗?

生1:生成氢气的反应。

生2:(立刻反驳)生成氢气是置换反应,不是复分解反应,可以用酸和碳酸盐反应生成二氧化碳气体。

师:那么,在前期的学习中,你见过哪些不易溶于水的沉淀物呢?

生1:碳酸钙、碳酸钡。

生2:硫酸钡。

生3:氢氧化铜、氢氧化铁、氢氧化镁、氢氧化铝。

师:非常棒!这是我们初中常常出现的八大沉淀。

师:请同学们阅读教材,给复分解反应下一个确切的定义。

生:(认真读书,完成学习卡的填写,进行归纳总结)。

张老师引导学生将上述实验活动的结果进行提炼,得出复分解反应的概念和复分解反应发生的条件:当两种化合物在溶液中相互交换成分,如果生成物中有水或有气体或有沉淀时,复分解反应就可以发生。

化学是从分子原子的层次上研究物质的组成、结构、性质以及变化的自然学科,要帮助学生深刻理解复分解反应,就必须挖掘复分解反应的微观本质。为了突破难点,张老师通过微观模拟动画,将抽象的微观事件形象化,引导学生得出了复分解反应的微观本质。

师:同学们知道,酸碱盐的溶液是可以导电的,因为酸碱盐在溶液中是以自由移动的阴阳离子的形式存在的。那么,复分解反应发生之后,溶液中原有的离子会发生什么样的改变呢? 让我们一起来观看模拟动画:

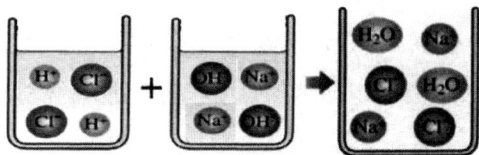

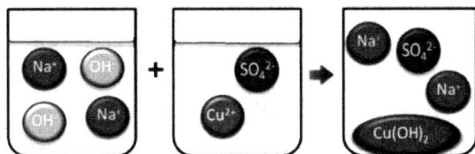

方程式:$NaOH + HCl \Longrightarrow NaCl + H_2O$

方程式:$2NaOH + CuSO_4 \Longrightarrow Cu(OH)_2 + Na_2SO_4$。

反应后,溶液中的 $H^+$ 和 $OH^-$ 减少,结合成难以解离的水分子,而溶液中 $Na^+$ 和 $Cl^-$ 没有发生改变;溶液中的 $Cu^{2+}$ 和 $OH^-$ 减少,结合成难溶于水的 $Cu(OH)_2$ 沉淀,而溶液中 $Na^+$ 和 $SO_4^{2-}$ 没有发生改变。

因此,复分解反应实际上是 阴阳离子 之间在发生反应,当反应发生生成水或沉淀或气体时,相应的 离子会减少 ;反之,如果溶液中离子的种类和数量不变,则复分解反应没有发生。

师:同学们,根据今天的学习,你能判断在前面的实验活动中老师给出的 $H_2SO_4$、$Ca(OH)_2$、$Na_2CO_3$、$BaCl_2$ 四种溶液中,有哪些物质之间不能发生复分解反应呢?

生:$Ca(OH)_2$、$BaCl_2$ 溶液之间不能发生复分解反应。

师:为什么? 能阐述你的理由吗?

生:因为它们不能生成水或气体或沉淀,没有水、淀(电)、气,是三无产品(全体同学笑)。

师:同学们太棒了,老师今天也当了回你们的学生,没有"水、淀、气",是三无产品,复分解反应就不能发生。真是太形象了! 就这么定了!

生：（全体热烈鼓掌）。

在"复分解反应"的教学中,通过实验探究,通过形象的动画,通过生生、师生互动,采取搭台阶的方法,增强学生学习自信心。学生在"做中学"的过程中直面问题,并积极地解决问题,自创出"水、淀、气三无产品"复分解反应不能发生的通俗易记的判断方法,深度理解概念,在获得知识的过程中培养创新能力,体验到了学习的成就感!

### （三）在常态课中促进创生与创新

历经了"二氧化碳的实验室制取"、"质量守恒定律"等规范的课例研究,化学组的老师们更深刻地理解了"创生"与"创新"的内涵和教学意义,达成了共识,开始探索常态课上促进创生与创新的策略。他们将初中化学课程的教学内容进行合理分层,把背景知识和重点知识融合在一起。结合学生实际,将教材进行重组,创造性地使用教材,教学设计时不仅引导学生听化学,更强调学生亲自动手做化学,从而把握实验的研究和学习方法。化学组的老师们在不同的课型中都渗透一些恰当的实验元素,每一节课都体现一到两个实验重点,增加实验性的教学目标,如实验观察能力、实验描述能力、实验分析能力、实验设计能力和实验创新能力等。当化学学科素养的渗透有了正确的过程和途径,自然就会帮助学生在科学精神的引领下提高创生与创新的能力。

化学组的老师们通过实验探究,帮助学生学会观察实验和描述实验的正确方法。在初中化学学习的启蒙阶段,教会学生对实验进行观察和描述是初中化学教学的重要任务。正确地观察和描述实验是学生发现问题、认识事物、获得知识和掌握科学学习方法的重要手段。"还原学习过程,促进科学创生",是前期研究成果的核心内容,在之后的教学中,老师们积极创造条件,让学生亲自动手参与各种不同题材的探究实验,学生通过化学实验,将观察现象所得到的感性知识及时深化,逐渐掌握了不同的实验观察方法,为创造性地运用所学知识创造了条件,下面是初中学生第一次实验课中"体验化学实验全面观察法"的课例研究:

学生第一次走进实验室,学习"对蜡烛及其燃烧的探究",执教的高老师首先在上课的前一天布置了两个预习任务：

1. 仔细读书,思考教材此处安排这个实验的目的是什么?

2. 在家中做点燃蜡烛的实验,并进行观察,明天将观察到的现象和同学们分享。

这两个预习任务为开启第二天的学习起到了很有效的铺垫作用。初学化学的学生明确了本节课的任务是既要基于生活,又要高于生活经验,从化学学科的视角"初步学会观察和描述化学实验",避免了盲目地"玩实验、看热闹"的无准备心态。

课堂上高老师引导学生,要对蜡烛及其燃烧从点燃前、燃烧中和熄灭后三个方面进行全面观察。

首先,高老师让各小组同学在点燃前仔细观察蜡烛。

点燃前学生可以观察到以下现象：蜡烛是由石蜡和棉线做的烛芯组成的;普通蜡烛的外观为圆柱形、固体,常见的颜色为乳白色,具有轻微气味;质地较柔软,可用小刀切割,切割下来的蜡烛块能浮于水面。

然后,高老师引导学生将观察到的现象,从化学的角度进行升华、提炼。学生很快明确：在化学实验前,要先进行观察并关注物质的性质,并归纳出"石蜡是乳白色、半透明、有轻微气味的、难溶于水的、密度小于水的一种固体"。

接着,高老师让同学们点燃蜡烛,并引导学生观察蜡烛的状态变化,火焰的分层现象,测试各层火焰的温度。

学生经过观察发现了以下现象：点燃的蜡烛能够持续燃烧,并且逐渐熔化而形成一个凹槽,熔化后的液态石蜡贮于凹槽中,并浸润烛芯直至火焰的底部;蜡烛火焰分为三层,三层火焰有明显的边缘,最里面的一层火焰暗淡,第二层的火焰比较明亮略呈圆锥形,围绕着这一区域的最外层火焰呈亮黄色,当一根火柴梗平放入蜡烛火焰中约 1 秒后取出时,可以看到：处在火焰最外层的部位最先烧焦,第二层次之,最里层变化最小。

学生们很快得出：蜡烛外层火焰温度最高,第二层次之,最里面温度最低。高老师又引导学生分析为什么外焰的温度最高?学生根据生活中燃烧的常识，很快分析出是因为蜡烛的外焰部位与空气的接触面最大，燃烧最充分。高老师又补充，蜡烛的熔点很低，我们根据熔化后的液态石蜡贮于凹槽中，并浸润烛芯直至火焰的底部，可以推测，蜡烛燃烧其实是石蜡蒸汽在燃烧。此时，学生已经因为这节课上的新发现而兴奋不已。高老师趁势再让学生在火焰上方罩一只干燥的烧杯，过一会儿，烧杯壁发烫，且杯壁上有水雾出现；取下烧杯，迅速向烧杯中倒入少量澄清的石灰水，振荡，石灰水变浑浊。

接着，高老师引导学生再次对观察到的现象进行分析，学生很快归纳出蜡烛燃烧和蜡烛的熔化有本质的区别，蜡烛燃烧后有水和二氧化碳生成，放出热量，是一个化学变化，并写出石蜡燃烧的化学反应表达式。此时，学生们已经在老师的引导下不知不觉进入了化学学科专业的学习状态，非常专注。高老师趁机引导学生，在化学实验中要特别关注物质的变化，并对变化过程的现象进行细致的观察和实事求是的描述，才能依据现象得出正确的结论。

然而，高老师让学生吹熄蜡烛之后，实验的进程并没有如很多学生想象的"到此结束"，高老师让学生们再次观察。此时，学生们观察到刚熄灭的蜡烛，有一缕白烟从烛芯飘出，立即用燃着的火柴点燃白烟，火焰会顺着白烟将蜡烛重新点燃。在学生的惊呼声中，高老师提出了3个问题让学生们思考：

1. 白烟具有什么化学性质？

2. 吹熄蜡烛后为什么会产生白烟？

3. 白烟可能是什么物质？

学生们兴奋地反复实验，反复观察，神奇的实验现象再次激发了学生们的热烈讨论，众眼所观，白烟具有可燃性，那么白烟是什么呢？因为有了前期细致实验观察作铺垫，在高老师的引导下，学生们一致得出，白烟应该主要是由吹熄蜡烛后没有燃烧的石蜡蒸汽冷凝形成的固体小颗粒所组成。学生们兴奋不已，因自己的发现而获得了成就感。

为了拓展学生的视野，进一步激发学生勇于利用化学实验探索世界的激情,高老师还演示了英国化学家法拉第在为少年儿童所作的化学讲座中做的一个有趣的"母子火焰"实验,并给同学们留下 3 个思考题:

1. 子火焰的可燃物可能是什么物质?

2. 蜡烛能产生母子火焰这一现象,说明组成蜡烛的物质具有什么重要物理性质?

3. 该实验成功的关键是否和导气管的长度有关?为什么?

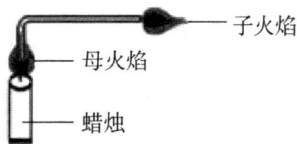

这是一节让学生终身受益的化学课,"对蜡烛及其燃烧的探究",是具有代表性和典型性的物质的性质实验,让学生没想到的是,亲自动手进行实验,竟然发现生活中普普通通的蜡烛燃烧蕴含了如此多的科学事实。通过实验探究,学生们初步学会了化学实验的"全面观察法",建立了只有全面观察才能了解实验的全貌,才能学会和掌握规范的操作方法的科学的实验态度。这节课对学生后续的实验观察起到指导性的作用,在学习氧气的性质时,学生由此知道了从物质与氧气发生反应的"前"、"中"、"后"三个阶段进行全面细致地观察和较为完整地描述。

通过这样的实验探究,可以引导学生创生性地形成重要概念。初中化学概念教学重在对概念的理解和应用,但理解和运用恰恰是学生创生和创新的难点,怎样在概念教学中实现较大突破,化学组的老师们通过课例研究,提炼出了"体验、感受、研究、运用"的学习模式,通过实验探究帮助学生形成并运用重要概念创造性地解决问题,取得了较好的效果。

## 三、用"技术"突显"促进创新"的力量

教育是面向未来的事业,教育的理想状态,是站在未来的时空里思考当前的教育改革走向与学校未来发展战略。未来学校的建设过程,是以未来社会的发展样态对学校、学生和学习带来的全新挑战为出发点,整体谋划学校的价值追求与实践改革的过程。学校建设的不断前进,是借助先进的教育理念、技术手段和学习经验等提高学校适应未来的能力,培养出更能适应未来社会的学生。七中初中学校是

一所面向未来的创新型学校,随着"计算机经济"时代的到来,教育信息化的新时代也已经来临,我们必须肩负起新技术时代赋予我们的教育使命。我们不仅需要掌握现代信息技术工具,更要用信息化的理念审视和指导教育教学过程。

对人的教育是我们的核心,而不是技术本身,教育的核心竞争力应在课堂。课堂是以发展师生为目标的,而不是以技术运用为旨归。所以,作为教师应根据学生的学习需要,选择学习内容,再根据教学内容,考虑技术的选择和使用。所以,我们聚焦课堂,继续探索"创生型课堂"的构建,在新一代信息技术支持下开始了"创生型课堂"的实践探索,着力于学生的"学"和教师的"教"之间的调整和改变,以借助技术的力量,在课堂教学中更好地提高学生创生与创新的能力。

### (一) 创造优质信息环境,拓展"促进创新"的学校空间

新一代信息技术与教育教学的融合是教育发展的趋势之一。学校不是战场,不是考场,而应是学生学习的乐园。我们重视优美环境的建设,重视空间自由开放,为师生提供信息化学习环境,给学生提供个性化发展的特别功能教室,其目的是努力给师生营造一个安全、绿色、快捷的空间,促进学生优质学习与创生,教师有效教学,学生核心素养与学习能力的发展品质不断提升。

"一对一"数字化教学模式的展开,需要借助网络互通和教学设施的配备,实现师生、生生、生机对话。目前学校已经实现了数字校园应用环境全面覆盖,优质数字教育资源全面覆盖,信息管理服务业务全面覆盖,师生在开放、共享、交互、协作的氛围下实现了教与学方式的变革。教师与学生手中都拥有一个学习终端,平板电脑是学生的学习终端和教师上课的终端,笔记本电脑是教师的备课终端。学校保证了互联网接入带宽,疏通了"云路",从而保证了师生手中"端"到"云"数据的往返。

平板电脑通过无线网接入云平台,一方面让学生拥有了海量的学习资源,另一方面学生不断上传信息,也在逐渐丰富云平台的学习资源,使得学生与平板电脑之间信息的双向传递形成一种教学常态。再加上平板电脑良好的互动性,"生""机"对话成为现实。

课堂教学的互动电视或电子白板显示,呈现全面的知识内容及知识体系,并及

时分享学生的课堂呈现：视频、音乐或图像，还有思维过程，或学生现场完成的学习成果，均可适时展示分享。

每个班级均有属于自己的网络硬盘，教师会在里面建立自己的教学文件夹。文件夹包括教师的课件、教学微视频和课程学习资料等，还有各班学生上交的作业，分享的学习成果等。配合邮件功能，能有效地完成学习资料的分班分类收集整理和过程记录。网盘的资源也能让师生随时随地共享，丰富的数据资源为学生提高核心素养和学习能力创造了良好环境。

为了给学生提供个性化发展的专属空间，学校已建成金融实验室、DIY工坊、多媒体创意设计教室，还将建成机器人实验室、服装设计与制作教室等"创客空间"，让学生通过自主选择，进行STEAM学习，在充满木板、电线、车钻铣磨锯床、喷绘机、覆膜机、3D打印机、电脑缝纫机等各种教育产品的信息化工作坊里，模拟分析、创意设计、动手制作，根据自己的兴趣与潜能发展未来需要的核心素养与学习能力。

### （二）合理运用技术，在多元融合中促进创新

多元融合不仅在课堂上，更在课堂外，覆盖了各种活动。在学校教育研讨会上，学生将所有的活动拍摄、采访、编辑，在会议结束时向来宾分享。为了将思想品德课与时事热点紧密结合，"时政播报"应运而生。小组学生分工明确，或采集一周要闻，或主持播报，或拍摄剪辑。如遇焦点新闻，课堂连线采访随即展开，全班学生畅所欲言品评天下事。"时政播报"让学生不出门而知天下事。每一次的"时政播报"都是一份精美作品，上传到公共学习平台，不仅是对课堂学习的补充，更是曾经努力的美好记忆！现在的学生不仅是教育的消费者，也是创造者。一个数学建模社团有26人，他们用一学期自己编出了数学建模问题的教材，在创生性的学习活动中提高了学生的核心素养与学习能力。

在多元融合中催生快乐学习；在快乐学习中促进学生不断创生和创新。学生应是快乐学习的主体，我们不仅要为学生创设快乐的情境，还要给学生设计快乐的活动，更要为学生创造展示的机会，让他们体会快乐！

### 案例一  七年级思想品德课《宽容——架起心灵的彩虹桥》

姜老师在播放动画短片《包子》到一半的时候，按下了暂停键，要求学生小组合作，补充后面的故事情节。在短短的七八分钟里，学生借助强大的网络平台及平板电脑软件，分工重新构思故事情节，查阅资料，搜索图片，选择音乐，拍摄视频，剪辑编导，真实生动地补充出了不一样的故事。他们活学活用、融会贯通，无论是故事设计，还是言语表达都有了无限的拓展，这样的设计提高了学生在快乐学习中有效创生与创新的能力。

### 案例二  七年级音乐课《积极弹奏五线谱，技术运用快乐多》

蒋老师设计了不同场景的图片，学生以小组为单位，组织音乐要素，用平板电脑的乐曲设计软件配合声乐、课堂乐器等，对图片的情景进行音乐编创。在学生运用平板电脑编创的几分钟里，音符从他们的指尖蹦出；在课堂展示中，笑容在他们倾情投入的演绎中展现，让我们不仅看到技术的使用，有效地拓展了音乐课的广度和深度，更让我们感受到了学生在享受课堂学习美好时光的同时闪现出的创造的智慧火花。

在多元融合中优化自主学习，在自主学习中促进学生创新。要培养学生的自主学习能力，务必以学生自身的需求、兴趣和学习目的为出发点。自主学习的能力将体现在学生的学习方式和他们如何将所学内容应创造性地用于更广泛的情境中。

### 案例三  七年级生物课《种子萌发形成幼苗》

周老师布置了学习任务，让学生通过实验自主探究种子萌发的环境条件。教师分发种子后，学生通过网络自主学习了解种子萌发的环境条件，学生自主设计实验，并完成实验，同时收集整理分析实验数据。学生通过实验过程的记录和数据的分析得出了种子萌发的条件，整个过程，学生用 iPad 视频记录种子萌发的现象，并配以文字，最终自主总结出种子萌发的条件是：充足的空气、适量的水和适宜的温度。视频真实生动地呈现了种子萌发的现象和过程，实验探究过程充满了惊喜，充满了感动，充满了生命力，技术赋予探究过程的生命活力不仅让更多的学生感知并共享了种子萌发的生命成长，更感受到了学习创生的自主成长与快乐。

### 案例四 八年级物理课《压强》

周老师要求同学们探究影响压力作用效果的因素。同学们分组合作，查阅资料，自主设计实验过程，用平板电脑录制下实验过程，制作成微视频。有小组把一本厚重的英语词典放置在枕头上，记录下不同的面朝下放置时枕头的变化；有小组把不同的物体放置在吸满水的海绵上，记录下溢出水的体积；更令人惊叹的是，有小组用镜头记录下同学光脚踩在多枚整齐排列的鸡蛋上的"轻功"表演。

同学们思维活跃，思路开阔，不同的小组有不同的实验过程，有不一样的精彩！它们共同展示了自主探究带给学生创生学习的无穷魅力。

在多元融合中拓展选择性学习空间，在丰富的选择中促进学生创新。选择性学习强调学生学习的多元选择，尊重学生的选择就是尊重学生的差异，给学生一个开放的空间，让他们做出正确的判断，有利发挥多元融合的力量。

选择性学习中的选择，是属于"我"的选择，而不是外界的强迫，学生的学习不再被动，而富有自主色彩。我们在师生的平板电脑上安装了近 100 种教学软件，各个学科均有涉及。不同的学科选择使用不同的软件，不同学生的选择也有所不同。摘错本软件通过让学生对做错的题目反复练习，有效防止学生在以后的学习中犯同样的错误，能有针对性地帮助学生查缺补漏。iTeach 互动平台的教师端和学生端整合了数字化教材和教学工具，将教学过程演变为一个动态发展的教与学统一的交互影响和交互活动的过程，为教与学形成一种全新的"互动式"模式创造了条件。在 iBooks 中，师生可以随时根据自己的需要下载最新或喜爱的经典图书，并可以添加书签或笔记。用"Mind Vector"创建、编辑和分享思维导图，既简化思维又使思维直观化。教师可以用 iTunes U 将课堂搬到 iPad 上，用自己编写的个性化教材创建课程，收集学生的作业并评分、进行一对一讨论或群组讨论。此外，还有"中国诗词歌赋"、"文言文"、百词斩、英语趣配音、Sketchpad、Calculator、Hype、地理拼图、医用 APP（权威性）/Anatomy 4D、Artstudio、镜像拍、GarageBand、Scratch JR、神奇的化学元素、物理模拟实验和测量仪等等。丰富的软件为学生提供了多样化的学习路径。他们可以根据"自己"的喜好，选择心仪的路径到达知识的山峰。

当然,学生们的选择性不是盲目的,而是有教师合理的引导和管理。首先我们会同步所有平板电脑,然后根据学生的使用情况,力争做到收放自如。学生的平板电脑是自己管理的,在我们担心他们不能自控时,更多的是选择给予信任和让他们经受考验。

在多元融合中促进创造性学习。创造性学习强调学习过程中的独立思考,强调自己体验、探索基本学习方法,对学习中遇到的问题敢于提出自己的见解,并勇于寻求新的理论,不人云亦云。借力"技术",我们可以帮助学生在多元融合中更好地实现创造性学习的目的。

### 案例一　八年级数学课《轴对称与坐标变化》

胡老师通过微视频给学生布置学习任务:首先思考点关于 x 轴对称的坐标变化关系,然后再思考关于 y 轴对称的坐标变换关系,最后再进一步探究点的平移的坐标变换关系。学生很容易独立完成前两个问题,但第三个问题点的平移的坐标变换关系的探究难度加大。我们不知道学生会给一个什么样的答案。但当学生在课堂上分享自己的思考时,我们惊喜地看到学生借助数学软件,不断试验点关于 x 轴和 y 轴的坐标变换关系,而且通过不断探索,进一步得到了点的平移的坐标变换关系,最让我们兴奋的是,学生还借助技术把所有思维过程制作成视频进行分析,让我们充分感受到技术与思维完美结合所创造的精彩。他们的思考不尽相同,充分的碰撞产生的智慧火花让我们再次感受到:给你多大舞台,你有多大能耐!所以我们要给学生这样的创造舞台,让他们绽放精彩!

### 案例二　八年级历史课《辛亥革命》

张老师把教学内容分成五个组:《辛亥革命》电影海报制作组、预告片制作组、首映地选择组、专家提问组和娱乐媒体报道组。学生使用各种软件大胆想象和创作,尤其是用软件制作的预告片组,从辛亥革命的背景到时间、地点、人物和意义等方面完整呈现,再加上强烈的视觉特技以及震撼的音响效果,犹如制作精良的大片。我们感叹,又一个"张艺谋"、"斯皮尔伯格"诞生了!

## （三）在技术与实验探究的整合中促进创新

信息技术和移动终端的发展日新月异,随着学校教育信息化工作的深入开展,教师和学生使用移动终端进行教学和学习,学生学习方式和教师教学方式的信息化变革,为我们对未来社会所需的核心素养和未来教育新要求的研究带来了新的挑战,怎样把我们的实验探究教学和技术更好地融合,赋予学科教学更强劲的时代生命力,切实有效地促进学生的学习和发展,是我们不断思考并进行实践改革的问题。

在 2015 届实验操作考试复习中,我们利用技术改变传统而落后的老师现场演示讲授所有实验方式,大大提高了复习效率和效果。

首先由本组老师规范地操作 10 个操作考试题目,用平板电脑进行现场录制,再由本组老师用平板电脑上视频编辑软件的画外音配制解说词,并剪辑制作成操作视频;提前一周用百度云盘上传至网络,全年级学生可以在线观看或下载共享。所有学生可以利用微视频自主在家反复观看,学习老师规范的操作示范和逻辑清晰的讲解,找出自己在实验操作中的错误和不足之处,当学生实地到实验室进行操作练习时,他们已经是胸有成竹了。

试题1 氢氧化钙部分变质.mp4　试题2 实验室制取二氧化碳.mp4　试题3 用pH试纸测定酸碱度.mp4　试题4 探究锌、铜、镁的金属…性.mp4　试题5 质量守恒定律的实验探究.mp4

试题6 组装过滤装置过并滤粗…水.mp4　实验7 配制50克质量分数为4…溶液.mp4　试题8 用盐酸中和氯化钠溶液.mp4　试题9 探究物质燃烧的条件.mp4　试题10 探究稀硫酸与铁锈的反应.mp4

这样的实验考试复习方式省去了老师逐个实验、逐个班级讲授的时间,学生可以随时随地更加清晰零距离地反复观看实验视频,对于不同学习能力和学习基础的学生,学习方式及学习时间也更加灵活,学习效率更高,复习效果更显著。让我们最感欣慰的是,最后学生的操作考试和以往相比,操作更加规范,成绩更加突出,得到了监考老师的大加赞赏！同时,这样的方法也将授课老师从重复低效的教学方式中解放了出来,达到了事半功倍的复习效果。

在"燃烧与灭火"课题研究时,执教的高老师把教学过程设计为两部分:课前先通过论坛向学生们上传了燃烧条件实验探究的 3 个实验视频,让学生思考该实验装置的优点和需要改进的地方,同时指导学生自主探究"灭火的原理及方法",并以小组为单位,用平板电脑记录小组探究的过程。学生观看实验视频时被白磷在热水中燃烧起来的奇妙现象深深吸引,同时对铜片上的白磷燃烧产生的浓厚白烟造成的污染感到震撼,课前实验让学生直观地感知事实,既克服了有污染的实验在课堂上带来的环境污染的困扰,又能让学生清楚地零距离观察到实验现象,学生提前发现实验装置的明显不足,激发了他们想要设计出更理想的实验探究装置的欲望。

而在课堂教学中改进实验装置是高老师本节课的重点突破点之一,同学们以小组为单位,积极讨论,动脑动手,绘制实验装置的改进图,用平板电脑及时投射到大屏幕上向全班展示,分享交流,提高了学生们的实验创新能力;而学生们用平板电脑拍下小组同学用不同方法探究熄灭蜡烛的过程,归纳出灭火的原理,并制作成精美的幻灯片或视频,在课堂上向同学们展示交流,直观生动,更贴近学生们自己对生活常识的理解,赢得了所有听课教师的掌声;学生们在课堂上还及时在网上搜索,查找资料,用平板电脑在课堂上向同学们分享灭火器的安全使用和火灾发生时的安全逃生常识,增强了同学们的安全意识。而高老师运用课堂互动学习平台进行的学习检测可以及时统计结果,让问题的呈现和解决更具有针对性。"燃烧和灭火"的课题学习,在云技术的支持下,让我们领略了实验探究教学的另一番景象,感受到了信息化时代的高速发展,学生综合素质的日新月异,而作为见证这一切变化的教师,我们深深感受到理念和行动的变革势不可挡,迫在眉睫!

### (四) 在技术与"翻转课堂"的整合中促进创新

伴随着慕课加翻转课堂的教学模式在我国中小学课堂的悄然出现,其独特的"知识＋能力＋情感态度价值观"的综合素质培养模式受到了人们的广泛关注。结合我们前期实验探究教学的经验和做法,我们也开始逐渐尝试翻转课堂与实验探究教学的有机结合。

在课前微视频学习的基础上,课堂上需要教师为学生准备更有深度的学习内容和问题,以满足其进一步探索新知识的欲望。初中化学同生物、物理一样,属于以实验为基础的自然学科,学生应在老师的引导下,在课堂上从事更具探究式的活动和进行更深入的科学实验。探究的过程需要时间,在传统的课堂上,因为教师完成基础知识的讲解和学生的基础巩固练习已经占用很多的时间,到探究环节,老师明知重要,却往往因为没有充足的时间而将实验探究搁置或浮于表面,草草收场,留下遗憾,影响学生长久的能力发展。

在"质量守恒定律"的课例再研究中,韦老师没有按以往的思路进行教学设计:提出"反应前后物质的总质量是否发生改变"的问题后,老师引导学生根据教材的两个实验(红磷在封闭体系燃烧前后的质量测定、硫酸铜与铁钉反应前后的质量测定)进行探究,得出质量守恒定律,分析质量守恒定律的微观本质,再到通过碳酸钠与盐酸在开放体系反应因产生二氧化碳导致天平失衡引出装置的改进。这样虽然能完成教学任务,但整个课堂环节时间非常紧张。在最能体现师生课堂创生的装置改进环节对质量守恒定律的深入理解环节,以及质量守恒定律的应用环节只能匆匆掠过。

在同样内容的翻转课堂的教学设计中,韦老师根据学情,把教材上的两个实验(红磷在封闭体系燃烧前后的质量测定、硫酸铜与铁钉反应前后的质量测定)录成视频,把质量守恒定律的内容、质量守恒定律的微观本质制作成 6 分钟的微视频,让学生课前自主完成该课题的主题基础内容的学习,而课堂主要目标确立为:在微视频学习的基础上,能有更充裕的时间和空间进行更有深度的思维活动的课堂探究学习:学生对微视频学习交流汇报→教师通过对学生的网络平台交流呈现问题→确定课堂学习目标→导入新课→课堂实验探究活动有层次地展开:

1. 质量守恒定律出问题了吗?——装置改进的分组实验探究。

2. 对化学变化的再认识——知识整理环节。

3. 质量守恒定律的应用——知识应用环节。

4. 拓展提升——思维提升环节。

在第一个"装置改进的分组实验探究环节",韦老师给予学生更多的机会和时间主动体验探究过程,把"通过实验探究认识质量守恒定律"确定为教学探究重点,在这一环节上分配了比传统课堂更加充足的时间。

课堂实验探究活动亮点:

1. 学生分组实验:给予学生足够的时间思考。该环节是本节课重要的创生点,要想生成新知,必须有足够的时间,并相信孩子们的创造力是无限的。

2. 实验装置的改进促进学生充分交流分享。尽量给更多的团队上台展示自己的机会。小组成员分工合作,投影、解说、组织课堂、关注提问同学等等。

3. 归纳总结教师引导学生归纳不同设计的共同点——封闭体系是验证质量守恒定律的关键,体会实验细节对探究实验成功的关键作用。

在深入探究敞开体系的实验中,学生开动脑筋,主动思考,互相启发,进一步认识质量守恒定律的本质,从形成封闭体系的学生设计图中,让我们看到了学生思维层次的变化和创生出的精彩!这样的课堂,能让有限的 40 分钟课堂的宽度和深度得到拓展,学生不仅体会到成功的喜悦,更提升了实验操作和实验创新设计的能力。

日本学者梶田叡一认为学生的基础学力可用"四层冰山模型"来概括。假定有一座冰山,浮在水面上的不过是"冰山"的一角。倘若露出水面的一层是显性学力——"知识与技能"、"理解与记忆",那么,藏在水面下的三层则是支撑冰山上方显性学力的隐性学力——"思考力和问题解决力"、"兴趣与意欲"以及"体验与实感"。所谓"基础学力"即是由上述显性学力和隐性学力组成的,它们是相辅相成、不可分割的一个整体。为了实现指向"基础学力"的"扎实的教学",我们必须把握"基础学力"形成的两条运动路径,这就是:从下层向上层推进的学力形成路径,即从"体验与实感"、"兴趣与意欲"向"思考力和问题解决力"以及"知识与理解"的运动;从上层向下层延伸的学力形成路径,即从"知识与技能"和"理解与记忆"向"思考力和问题解决力"以及"兴趣与意欲"、"体验与实感"的运动。[1] 在初中阶段培育学生的核心素养,必须首先提高学生的基础学力。如果借用梶田叡一的"四层冰山模型",成都七中初中学校的课例研究,则是首先借用现代知识观,探讨了活化知识

---

[1] 钟启泉. 启三维目标论[J]. 教育研究 2011(9):62—67.

的有关问题,从概念的形成与活化、书本知识的迁移与活化、多样化情境的运用与活化等角度,积累了提高学生显性学力的方法,把"冰山"的第一、二层露在了"海面"上。顺着学力发展的这一路径,我们进入了基础学力"冰山"的第三层,研究了"思考力和问题解决力"的培养策略,从"有效问题"和"有效追问"两个视角,形成了较为具体的教学策略,初步建立了在活用知识中解决问题与在解决问题中活用知识的学力发展链。在突破第四层"冰山"的时候,我们开始探索"兴趣与意欲"的持久保持与持续发展之"道",真正的兴趣来自于不断的发现与成功,没有持续不断的新发现与收获,一时"兴起"便很可能随风而逝。于是,我们将第四层"冰山"的破解策略定位在"促进创新"上,力图在学科课堂上促进学生的创生与创新,在学生创生与创新的过程中保持活化知识和解决问题的"兴趣与意欲",实现基础学力持续提升的目标。但是,基础学力的发展需要以学生较强的学习能力做保障,没有一定的学习能力,就难有基础学力的发展,更难有核心素养的提升。因此,基础学力、学力能力、核心素养,是本书课例研究的核心词,对这些核心词的思考与实践,构成了本书课例研究的基本框架,尽管在这一框架内的行走已持续了很长时间,但我们还将沿着这一框架继续行走下去……

# 后 记

美国普渡大学的申克教授在《学习理论：教育的新视角》一书中说："学习领域永远充满着活力与挑战。我们还将继续目睹这一领域在理论、研究和实践方面的重大发展。"中国学生发展核心素养的提出与践行，既是学习领域面临的巨大挑战，也是中国的学者们与一线实践者不得不解决的教育学难题。要想从理论和实践层面真正解决这些难题，必须从实践中来，到实践中去。其中最为重要的实践是课堂上的言行与运动轨迹，没有解决课堂上的实践难题，最高明的核心素养发展理论也会显得苍白无力。从这一角度看，我们基于核心素养与学习能力发展的课例研究，就是想从解决具体的实践难题入手，从一线教师的视角理解、落实和发展核心素养的有关说法，并在具体实践中探讨培育核心素养的方法和解决难题的智慧，以此建构切合一线教师的"核心素养发展理论"与常态化的课例研究形态，为核心素养的有效培育做出我们的贡献。

课例研究是我们长期推进的实实在在的一项课堂教学改革工作，以核心素养培育和学习能力发展为研究内容，推进课例研究从规范走向常态，是我们一次新的尝试。在这一轮课例研究中，我们全校师生都参与其中，本书成果是全校师生的智慧结晶。在此，特别感谢四川师范大学文学院张伟教授的倾情指导。在整理成果的过程中，何明、胡荣萍、张旭栋、缪辉辉、任艳、周密、罗丽容、欧林阳、陈玉芳等老师参与了编写。在全书成稿的过程中，《教育科学论坛》的编辑张文龙、《四川教育》的编辑陈敬、四川师范大学的硕士研究生李诗滢、欧倩等，进行了统稿、校稿和部分撰稿工作，在此一并致谢！

囿于研究水平和成书时间，书中必然存在不足之处，敬请同行批评、指正！